헬라어 익힘 문제
풀이집

J. Gresham Machen, *New Testament Greek for Beginners*
익힘 문제에 대한 자세한 풀이 및 설명

Handbook to Greek Exercises by Jonggil Byun
published by The Word Press, Daegu, Korea
ⓒ The Word Press 2020

All rights reserved. No part of this publication may be reproduced, stored in a retrieval system, or transmitted in any form or by any means, electronic, mechanical, photocopying, recording, or otherwise, without the prior written permission of the publisher.

헬라어 익힘 문제 풀이집

초판 발행 2020년 12월 28일

지은이 변종길
펴낸이 박재일
펴낸곳 말씀사
출판등록 110-92-16217
주 소 대구광역시 동구 송라로12길 15

디자인 김은정
인 쇄 성광인쇄

구입 문의 말씀사 Tel. 053)759-9779 Fax. 053)745-7997
판 매 처 전국 주요 서점 및 말씀사 쇼핑몰, 인터넷 서점

말씀사 쇼핑몰은 www.malssum.com 입니다.
책 내용에 대한 문의는 저자의 다음 카페 **말씀나라**에 해 주시기 바랍니다.

ⓒ 말씀사 2020
본 출판물의 저작권은 말씀사에 있습니다.
이 출판물은 저작권법에 의해 보호를 받는 저작물이므로 이 출판물의 일부 또는 전부를 출판사의 사전 서면 허락 없이 복사하거나 전재하는 것을 금합니다.

파본은 바꾸어 드립니다. 책값은 뒷 표지에 있습니다.
ISBN 979-11-89814-03-8 03230

헬라어 익힘 문제 풀이집

J. Gresham Machen, *New Testament Greek for Beginners*
익힘 문제에 대한 자세한 풀이 및 설명

변 종 길

말 씀 사

머 리 말

이 책은 원래 개혁주의신행협회(개혁주의출판사)에서 출판된 것(2015년 초판 3쇄)을 말씀사에서 판권을 양도받아 새롭게 출판한 것이다. 한평생 개혁주의 신학 서적 보급을 위해 수고하신 최석진 장로님의 노고에 감사드리며, 이 책을 이어받아 출판해 주신 말씀사의 박재일 장로님께도 감사를 드린다.

본서의 익힘 문제는 우리나라와 전 세계에서 헬라어 교재로 널리 사용되고 있는 J. Gresham Machen의 *New Testament Greek for Beginners* (Toronto, Ont.: The Macmillan Company, 1923)에 나오는 것을 사용하였다. 현재 우리나라에 나와 있는 헬라어 교재들 중에는 이 책을 번역하거나 편역한 것들이 많다. 혹 문법 설명 부분은 다를지라도 익힘 문제는 Machen의 것을 그대로 사용한 경우가 많다. 그래서 Machen의 책을 바탕으로 한 교재를 가지고 공부하는 사람들에게는 이 책이 큰 도움이 될 것이다.

헬라어 공부는 익힘 문제를 풀면서 문법 내용을 익혀야만 효과를 볼 수 있다. 그래서 이 책은 헬라어 문법과 문장에 대해 자세한 설명을 해 주고 있다. 학생 편에서 궁금해 하거나 질문을 제기할 만한 것들은 가능한 한 다 설명하고자 하였다. 그렇지만 익힘 문제 전체를 다 풀이하지 않은 것은 학생들이 자발적으로 노력하도록 하기 위해서이다. 모든 문제를 다 풀어 주면 스스로 생각하고 고민하는 일이 방해받게 된다. 따라서 스스로 생각하고 이해하는 훈련을 하도록 하기 위해 일부러 문제를 다 풀이하지 않고 남겨 두었다. 이 책에 풀이되어 있는 것들을 잘 이해한다면 나머지 문제들도 큰 어려움 없이 풀 수 있을 것이다.

  익힘 문제를 풀이하다 보니 단어 설명을 첨가할 필요를 느꼈다. 기존 문법책의 단어 설명들 중에는 영어 단어를 번역한 것들이 많아서 헬라어 단어의 의미와 맞지 않는 것들이 더러 있다. 그래서 필자는 헬라어 단어의 의미를 헬라어에서 직접, 그리고 가능한 한 정확하고 간결하게 제시하고자 하였다. 학생들이 꼭 외워야 할 것들만 실었으니 여기 있는 대로 외우면 될 것이다. 문법 설명에 대해서는 말씀사에서 새롭게 출판한 필자의 『핵심 헬라어』를 참고하기 바란다.

  책 말미에 부록으로 「헬라어 변화표」를 실었다. 모든 변화를 다 실은 것은 아니지만 학생들이 공부할 때 자주 찾아보면서 익혀야 할 것들을 중심으로 실었다. 특히 「주요 동사의 기본형」은 헬라어 공부에 있어서 대단히 중요한 것이다. 기존 문법책들에는 이 기본형 변화가 체계적으로 정리되어 있지 않아서 불편함이 많았는데, 여기에 정리하여 두었으니 자주 찾아보고 외우기 바란다. 기본형 변화표에 실린 동사의 순서는 신약 성경에 나타나는 빈도순을 고려하여 유사성이 있는 것들을 묶어서 같이 외우도록 하였다. 「주요 동사의 기본형 (I)」은 완전히 암기하도록 하고, 「주요 동사의 기본형 (II)」는 자주 찾아보고 익히도록 하기 바란다.

  아무쪼록 이 책을 통해 여러분의 헬라어 공부에 도움이 되기를 바라며, 나아가서 신약 성경을 바로 이해하고 전하는 데 기여하게 되기를 기원한다.

2020년 12월

변 종 길

목차

머리말 _4

제1과　알파벳 _8

제2과　악센트 _11

제3과　현재 능동태 직설법 _23

제4과　제2 명사 변화 _27

제5과　제1 명사 변화 _32

제6과　관사. 제1, 2 형용사 변화. 형용사의 용법 _37

제7과　제1 남성 명사 변화. 전치사 _44

제8과　엔클리틱. 인칭 대명사. εἰμί의 현재 직설법 _50

제9과　지시 대명사 αὐτός 용법 추가 _56

제10과　현재 중간태 · 수동태 직설법. 수단의 여격.
　　　　디포넌트 동사. 합성 동사 _64

제11과　미완료 능동태 직설법. εἰμί의 미완료 직설법 _70

제12과　미완료 중간태 · 수동태 직설법. καί와 οὐδέ의 용법 _78

제13과　미래 능동태 · 중간태 직설법 _85

제14과　제1 아오리스트 능동태 · 중간태 직설법 _92

제15과　제2 아오리스트 능동태 · 중간태 직설법 _100

제16과　아오리스트 수동태 직설법. 미래 수동태 직설법 _111

제17과　제3 명사 변화 _121

제18과 　현재 분사. 분사의 용법 _129

제19과 　아오리스트 능동태·중간태 분사. 분사의 용법(계속) _136

제20과 　아오리스트 수동태 분사. 절대 속격 _146

제21과 　가정법 _154

제22과 　부정사 _161

제23과 　단축 동사 _166

제24과 　유음 동사. 재귀 대명사 _173

제25과 　제3 명사 변화 및 제3 형용사 변화 보충 _179

제26과 　$πᾶς, πολύς, μέγας$. 수사 등 _185

제27과 　의문 대명사. 부정 대명사. 관계 대명사.
　　　　 조건적 관계절 _192

제28과 　명령법 _199

제29과 　완료 _205

제30과 　형용사의 비교급. $μείζων$의 변화. 비교의 속격 등 _214

제31과 　$δίδωμι$ 변화. $γινώσκω$의 아오리스트.
　　　　 관사와 함께 쓰이는 $μέν, δέ$ 등 _224

제32과 　$τίθημι, ἀφίημι, ἀπόλλυμι$ 변화. 결과절의 대격과
　　　　 부정사. $ἕως$ 뒤의 가정법 _232

제33과 　$ἵστημι$와 $οἶδα$ 변화. 희구법. 비현실적 조건문.
　　　　 $γίνομαι$ 용법 _242

부록　헬라어 변화표 _251

제1과

알파벳

A. 헬라어 발음 중 주의할 것 몇 가지

1. 모음 중에서

$η$: 에이. 살짝 굽이친다. *a* as in *late*.
$ω$: 오우. 살짝 굽이친다. *o* as in *note*.

이 중에서 특히 $η$ 발음을 정확하게 하는 것이 중요하다. 한국에서는 대개 장모음 '에-'로 발음하나, 그것은 부자연스러울 뿐 아니라 헬라어 철자법의 변천을 이해하는 데 도움이 되지 않는다. 예를 들어 $η$ 다음의 $ι$는 대개 '요타 하기^{下記}'(iota subscript)로 표기하게 되는데, 그 이유는 $η$ 다음의 $ι$는 $η$ 발음에 파묻혀 소리가 잘 나지 않았기 때문이다. 어쨌든 메이첸(Machen)은 $η$ 발음을 영어 *late*의 *a*처럼 하라고 하며(p. 9), 스미스(H. W. Smyth)는 불어 *fête*의 *ê*처럼 하라고 한다(*Greek Grammar*, Harvard University Press, 1984, p. 7).

한편 $ω$는 길게 발음하면 저절로 살짝 굽이치게 된다. 영어의 *note*의 *o*처럼 발음하면 된다(Machen, Smyth).

제1과 알파벳

2. 자음 중에서

κ, π, τ : 원래 발음은 '된소리'이다. 따라서 "ㄲ, ㅃ, ㄸ"로 발음해야 옳다. 그러나 우리나라에서는 영어의 영향을 받아 '파열음' 곧 "ㅋ, ㅍ, ㅌ"으로 많이 발음한다.

χ, φ, θ : '파열음'으로 발음해야 옳다. 즉, 숨소리를 많이 넣어서 "ㅋ, ㅍ, ㅌ"로 발음하는 것이 옳다. 그러나 우리나라에서는 편의상 영어식으로 발음하는 경우가 많다.

γ : γ, κ, χ, ξ 앞에 오는 γ는 ng[η]으로 발음된다. 예 : ἄγγελος 앙겔로스, ἀνάγκη 아낭케이, ἐγχρίω 엥크리오, φάραγξ 파랑크스(위 음역들 중 '크'와 '스'에서 'ㅡ'는 편의상 붙인 것이고, 실제로 모음 'ㅡ'는 발음하지 말아야 한다.)

B. 익힘 문제

헬라어 알파벳을 몇 차례 반복해서 써 보자. 특히 소문자를 많이 써 보아야 하는데, 쓰는 순서와 글자의 위치에 주의하면서 써 보자. 그리고 쓸 때에 입을 열어서 발음하면서 쓰도록 하자. 헬라어는 소리 내어서 발음하는 것이 중요하다. 그래서 자기의 발음을 자기의 귀로 들으면서 외울 때에 암기가 잘된다.

따라서 헬라어는 가능한 한 입으로 읽으면서 공부하도록 해야 하며,

이를 위해서는 악센트도 중요하다(2과에서 배움). 악센트를 무시하면 단어들 사이에 혼란이 생기며, 헬라어 음운 현상과 문법 현상을 제대로 이해할 수 없게 된다. 헬라어는 음악적이고 대단히 정확한 언어이기 때문에, 악센트를 살려서 가능한 한 정확하게 발음해야만 헬라어를 올바르게 공부할 수 있다.

제2과

악센트

A. 헬라어 악센트의 일반적 규칙

1. 가능한 범위

1) 어큐트(´) : 앤티피널트(피널트 앞 음절), 피널트(얼티마 앞 음절), 얼티마(제일 끝 음절)에 올 수 있다.
2) 써컴플렉스(ˆ) : 피널트와 얼티마에 올 수 있다.
3) 그레이브(`) : 얼티마에만 올 수 있다.

※ 이것은 위 범위 중 아무 곳에나 악센트가 올 수 있다는 말이 아니라, 이 범위를 벗어날 수는 없다는 뜻이다. 예를 들어, 어큐트 악센트의 경우 위 셋 중 어느 위치에 오게 될지는 각 단어에 따라 정해진 위치가 있으며 다른 곳에 오면 안 된다.

2. 써컴플렉스는 장모음에만 올 수 있다.

※ 써컴플렉스는 원래 굽이치는 악센트이기 때문에 자연히 단모음에는 올 수 없고 장모음에만 올 수 있다.

3. 얼티마가 길 경우, 앤티피널트에는 악센트가 올 수 없다.

※ 얼티마가 길면 그 자체가 벌써 두 마디의 길이를 차지했다고 보면 된다. 그래서 악센트가 올 수 있는 최대한 먼 위치는 피널트이다. 그러나 얼티마가 짧으면 피널트가 길든 짧든 상관없이 최대한 앤티피널트에까지 악센트가 올 수 있다(물론 단어에 따라 피널트에 악센트가 오는 것도 있고 얼티마에 오는 것도 있다. 지금 우리가 말하는 것은 원리상 최대한 어디까지 올 수 있느냐 하는 가능한 범위 문제이다.)

4. 얼티마가 짧을 경우, 긴 피널트에 오는 악센트는 써컴플렉스이어야 한다.

예 : $δοῦλος, δοῦλοι, οἶκος$ 등.

※ 피널트에 악센트가 와야 할 경우에 그렇다는 말이며, 악센트가 다른 곳에 올 경우에는 해당되지 않는다. 예) $ἄνθρωπος, αὐτός, αὐτό$ 등.

5. 얼티마가 길 경우, 피널트에 오는 악센트는 어큐트이어야 한다.

예 : $δούλου, δούλων, λύου, ἀνθρώποις$ 등.

제2과 악센트

6. 동사의 악센트, 가능한 한 앞으로 온다(역행적 악센트).

※ 가능한 한 제일 끝에서 멀리 오려고 한다. 즉, 얼티마가 짧은 경우엔 앤티피널트에, 얼티마가 길 경우엔 피널트에 온다.

예 : ἐλύομεν, ἐλυόμεθα, γινώσκω, ἐγίνωσκε 등.

7. 동사 외의 단어(명사, 형용사 등)의 악센트는 가능한 한, 원래의 위치를 유지하려고 한다.

※ 악센트 법칙이나 다른 이유에 의해 불가불 악센트 위치를 이동해야 할 경우를 제외하고는 원래 위치를 유지하려고 한다.

예 : ἄνθρωπος, ἀνθρώπου, ἀνθρώπῳ, ἄνθρωπον,
ἄνθρωποι, ἀνθρώπων, ἀνθρώποις, ἀνθρώπους

B. 익힘 문제

Ⅰ. 다음 동사를 악센트를 붙여서 써 보라. 그리고 발음해 보라.

1. ἐλυομεν, ἐλυομην, ἐλυσω

1) ἐλυομεν - 우선, 이 동사를 음절로 나누면 ἐ-λυ-ο-μεν이 된다. 다

음에, 동사의 악센트는 가능한 한, 끝에서 멀리 떨어진 곳에 온다는 원칙(역행적 악센트)에 따라 이 동사에서 악센트가 올 수 있는 가장 먼 위치는 끝에서 세 번째 음절(앤티피널트)이다. 왜냐하면 제일 끝 음절 $μεν$의 모음 $ε$이 짧기 때문이다. 따라서 $λυ$의 $υ$ 위에 어큐트 악센트가 오는 것이 옳다($ἐλύομεν$).

2) $ἐλυομην$ - 우선, 이 단어를 음절로 나누면 $ε$-$λυ$-$ο$-$μην$이 된다. 다음에, 이 동사의 경우에 악센트가 올 수 있는 가장 먼 위치는 끝에서 두 번째이다.

왜냐하면 제일 끝 음절의 $η$가 길기 때문이다(끝 음절이 길 경우에 그 음절은 두 음절의 몫을 차지하고 있다고 생각하면 된다). 따라서 o 위에 어큐트 악센트가 와야 한다($ἐλυόμην$).

3) $ἐλυσω$ - 우선, 이 단어를 음절로 분해하면 $ε$-$λυ$-$σω$가 된다. 다음에, 이 경우에 악센트가 올 수 있는 가장 먼 위치는 끝에서 두 번째가 된다. 왜냐하면 제일 끝 음절이 길기 때문이다. 따라서 $λυ$에 어큐트 악센트가 와야 한다($ἐλύσω$).

2. $ἐλυον, ἐλυε, ἐλυσαμην$

1) $ἐλυον$ - 우선, 음절을 분해하면 $ε$-$λυ$-$ον$이다. 다음에, 제일 마지막 음절($ον$)이 길므로 악센트는 끝에서 두 번째 음절인 $λυ$에 와야 한다. 그 다음에, 제일 끝 음절이 길 경우에 그 앞에 올 수 있는 악센트는 어큐트이

다($\dot{\epsilon}\lambda\acute{v}ov$).

  2) $\check{\epsilon}\lambda v\epsilon$ – 우선, 음절을 분해하면 ϵ-λv-ϵ이다. 제일 끝 음절 e이 짧으므로 악센트는 제일 마지막에서 세 번째 음절에 올 수 있다(제일 마지막 음절이 짧을 경우에 바로 앞에 음절이 긴지 짧은지는 관계없다). 따라서 이 경우에 악센트는 제일 앞의 ϵ 위에 어큐트가 와야 한다($\check{\epsilon}\lambda v\epsilon$).

  3) $\dot{\epsilon}\lambda v\sigma\alpha\mu\eta\nu$ – 우선, 음절을 분해하면 ϵ-λv-$\sigma\alpha$-$\mu\eta\nu$이다. 다음에, 제일 끝 음절이 길므로 바로 그 앞 음절에 악센트가 와야 한다($\dot{\epsilon}\lambda v\sigma\acute{\alpha}\mu\eta\nu$).

  [참고] 따라서 모음 η과 ω의 경우는 의도적으로 길게 발음할 필요가 있다. η는 그냥 "에-"로 하지 말고 "에이"로 살짝 굽이치는 소리를 내야 한다. 메이첸의 책에 보면 η는 영어의 *late*의 *a*처럼 발음하라고 되어 있다.

  3. $\delta\iota\delta\alpha\sigma\kappa\epsilon$, $\delta\iota\delta\alpha\sigma\kappa o\nu\tau\alpha\iota$, $\delta\iota\delta\alpha\sigma\kappa o\mu\epsilon\theta\alpha$(마지막 α는 짧다)

  1) $\delta\iota\delta\alpha\sigma\kappa\epsilon$ – 음절을 분해하면 $\delta\iota$-$\delta\alpha\sigma$-$\kappa\epsilon$이다. 이때 제일 끝 음절이 짧으므로 악센트는 끝에서 세 번째에 와야 한다($\delta\acute{\iota}\delta\alpha\sigma\kappa\epsilon$).

  2) $\delta\iota\delta\alpha\sigma\kappa o\nu\tau\alpha\iota$ – 음절을 분해하면 $\delta\iota$-$\delta\alpha\sigma$-$\kappa o\nu$-$\tau\alpha\iota$이다. 제일 끝 음절의 모음 $\alpha\iota$는 원래 중모음으로서 길지만 악센트와 관련하여서는 짧은 것으로 간주한다. 따라서 이 경우에 악센트는 끝에서 세 번째 음절에 와야 한다($\delta\iota\delta\acute{\alpha}\sigma\kappa o\nu\tau\alpha\iota$).

3) $\delta\iota\delta\alpha\sigma\kappa o\mu\epsilon\theta\alpha$ – 음절을 분해하면 $\delta\iota$-$\delta\alpha\sigma$-κo-$\mu\epsilon$-$\theta\alpha$이다. 마지막 음절이 짧으므로 악센트는 끝에서 세 번째 음절에 와야 한다($\delta\iota\delta\alpha\sigma\kappa\acute{o}\mu\epsilon\theta\alpha$).
[참고] 제일 마지막에 오는 α가 짧은지 긴지는 우리가 스스로 알 수 없고 각 단어마다 외우는 수밖에 없다. 그러나 실제로는 외울 필요가 없는데 그 이유는 대개는 악센트를 보고 그것이 긴지 짧은지 알 수 있기 때문이다.

4. $\lambda\nu\epsilon$(ν은 길다), $\lambda\nu o\nu$, $\lambda\nu o\nu\sigma\iota$(마지막 ι는 짧다)

1) $\lambda\nu\epsilon$ – 음절을 나누면 $\lambda\nu$-ϵ이다. 제일 끝 음절이 짧으므로 원칙적으로 제일 끝에서 세 번째 음절에 악센트가 올 수 있으나 여기서는 두 음절밖에 없으므로 $\lambda\nu$에 악센트가 와야 한다. 그런데 $\lambda\nu$의 ν은 길므로($\lambda\acute{\nu}\omega$ 동사에서 ν은 항상 길다. 이것은 기억해 두어야 한다), 여기에 오는 악센트는 써컴플렉스이어야 한다($\lambda\hat{\nu}\epsilon$).

2) $\lambda\nu o\nu$ – 음절을 나누면 $\lambda\nu$-$o\nu$이다. 제일 끝 음절이 길므로 $\lambda\nu$에 오는 악센트는 어큐트이어야 한다($\lambda\acute{\nu}o\nu$).

3) $\lambda\nu o\nu\sigma\iota$(마지막 ι는 짧다) - 마지막 음절이 짧으므로 마지막에서 세 번째 음절인 $\lambda\nu$에 악센트가 와야 한다($\lambda\acute{\nu}o\nu\sigma\iota$).
[참고] 마지막에서 세 번째 음절에 오는 악센트는 무조건 어큐트이다. 써컴플렉스는 제일 마지막 음절 또는 바로 그 앞 음절에서만 올 수 있다.

제2과 악센트

5. λυσαι, λυσω, λυετε

1) λυσαι - 음절을 나누면 λυ-σαι이다. 제일 마지막 음절의 αι는 짧은 것으로 간주된다. 그리고 λυ의 υ은 길다. 따라서 λυ에 오는 악센트는 써컴플렉스이어야 한다(λῦσαι).
  [참고] <긴 음절 + 짧은 음절>로 끝나는 단어의 경우, 만일 앞의 긴 음절에 악센트가 온다면 그 악센트는 써컴클렉스이어야 한다.

2) λυσω - 음절을 분해하면 λυ-σω이다. 마지막 음절이 길므로 λυ에 오는 악센트는 어큐트이다(λύσω).

3) λυετε - 음절을 분해하면 λυ-ε-τε이다. 제일 끝 음절이 짧으므로 제일 끝에서 세 번째 음절인 λυ에 악센트가 온다. 이 경우에 악센트는 무조건 어큐트이다(λύετε).

II. 다음 명사에 악센트를 붙여 보라 (각 단어의 단수 주격형은 ἀπόστολος, κώμη, πλοῖον이다).

1. ἀποστολοις, ἀποστολους, ἀποστολου, ἀποστολοι, ἀποστολῳ

1) ἀποστολοις - 마지막 음절에 οι가 왔지만 οι로 끝난 것이 아니라 οι 뒤에 자음 ς가 더 붙었으므로, 이 경우의 οι는 원래대로 길다. 따라서

악센트는 끝에서 두 번째 음절에 와야 한다(ἀποστόλοις).

2) ἀποστολους - 제일 끝 음절이 길므로 끝에서 두 번째 음절에 악센트가 온다(ἀποστόλους).

3) ἀποστολου - 제일 끝 음절이 길므로 끝에서 두 번째 음절에 악센트가 온다(ἀποστόλου).

4) ἀποστολοι - 마지막 음절의 οι는 οι로 끝났기 때문에 악센트와 관련해서는 짧은 것으로 간주한다. 따라서 끝에서 세 번째 음절에 악센트가 와야 한다(ἀπόστολοι).

5) ἀποστολω - 마지막 음절의 ω는 길다. 따라서 끝에서 두 번째 음절에 악센트가 와야 한다(ἀποστόλῳ).

2. κωμαις, κωμαι, κωμας(여기서 α는 길다), κωμη

1) κωμαις - 마지막 음절의 αι가 있지만 αι 뒤에 자음이 덧붙었으므로 이 경우의 αι는 원래대로 길다. 따라서 그 앞 음절에 오는 악센트는 어큐트이어야 한다(κώμαις).

2) κωμαι - 이 경우에는 마지막 음절에 αι로 끝나므로 제일 마지막에 오는 αι는 짧은 것으로 간주된다. 따라서 그 앞 음절에 오는 악센트는 써

컴플렉스이어야 한다(κῶμαι).

   3) κωμας(긴 α) - 마지막 음절이 길므로 앞에 오는 악센트는 어큐트이어야 한다(κώμας).

   4) κωμη - 마지막 음절이 길므로 κώμη이다.

  3. πλοια(끝의 α는 짧다), πλοιων, πλοιοις, πλοιου

   1) πλοια(짧은 α) - πλοι-α에서 마지막 음절이 짧으므로 그 앞에 오는 음절이 길 경우에는 써컴플렉스가 와야 한다(πλοῖα).

   2) πλοιων - 마지막 음절이 길므로 그 앞에 오는 악센트는 어큐트이어야 한다(πλοίων).

   3) πλοιοις - 마지막 οις는 길다. 따라서 πλοίοις이다.

   4) πλοιου - 마지막 음절은 길다. 따라서 πλοίου이다.

   5) πλοίῳ - 마지막 음절은 길다. 따라서 πλοίῳ이다.

   6) πλοιον - 마지막 음절 ον이 짧으므로 그 앞의 긴 음절에 오는 악센트는 써컴플렉스이어야 한다(πλοῖον).

Ⅲ. 다음 단어들은 악센트 규칙에 따라 악센트가 올바르게 찍혀 있는지? 아니라면 각각의 경우에 어떤 악센트 원칙이 위반되었는지를 말하시오. 그리고 나서 각 단어에 대해 올바른 악센트를 찍으시오.

1. ἔδιδομεν, ὤραι, πρόφηταις

　1) ἔδιδομεν – 틀렸다. 왜냐하면 끝에서 넷째 음절에 악센트가 붙었기 때문이다. 이것은 악센트는 끝에서 세 번째 음절을 넘어갈 수 없다는 원칙을 위반한 것이다. 따라서 올바른 악센트는 ἐδίδομεν이다.

　2) ὤραι – 틀렸다. 단어의 제일 끝에 오는 αι는 악센트와 관련해서는 짧은 것으로 간주된다. 따라서 제일 끝 음절 바로 앞에 오는 모음의 음절이 길면 거기에 오는 악센트는 써컴플렉스이어야 한다. 따라서 올바른 것은 ὦραι이다.

　3) πρόφηταις – 틀렸다. 제일 끝 음절에 오는 모음 αι는 길다(αι로 끝난 것이 아니라 αις로 끝났다). 제일 끝 음절이 길 경우에 악센트는 끝에서 두 번째 음절을 넘어가지 못한다. 따라서 이 경우에 올바른 악센트는 προφήταις이다.

2. δόξῃ, ἐρῆμου, οὐρανον

　1) δόξῃ – 옳다. 원래 주격형은 δόξα인데, 원래의 악센트 위치는 가능

제2과 악센트

한 한 유지되려고 하는 경향이 있다.

2) ἐρῆμου - 틀렸다. 제일 끝 음절이 길고 바로 그 앞의 음절이 길 경우에, 그리고 그 앞 음절(피널트)에 악센트가 와야 할 경우 그 악센트는 어큐트이어야 한다(제일 끝 음절이 짧은 경우에만, 그 앞 음절이 길 경우에 써컴플렉스가 된다). 따라서 올바른 악센트는 ἐρήμου이다.

3) οὖρανον - 틀렸다. 써컴플렉스 악센트는 제일 끝에서 셋째 음절에는 올 수없다. 여기에 올 수 있는 악센트는 어큐트뿐이다. 그리고 이 단어는 원래부터 악센트가 제일 끝 음절에 온다. 그것은 사전에 그렇게 표시되어 있다(οὐρανός). 따라서 올바른 악센트의 모양은 οὐρανόν이다.

3. ἔρημος, βουλαί, λὺε

1) ἔρημος - 옳다. 이 단어는 원래 악센트가 끝에서 세 번째 음절에 오며 제일 끝 음절이 짧으므로 이동할 이유가 없다(두 번째 음절이 길고 짧은 것은 문제가 되지 않는다).

2) βουλαί - 옳다. 이 단어는 원래부터 제일 끝 음절에 악센트가 온다(boulh v). 그리고 어큐트 악센트가 변할 이유가 없다.

3) λὺε - 틀렸다. 제일 끝 음절 ε이 짧고 그 앞에 오는 음절은 길다(이 단어의 모음 υ은 원래 길다). 그리고 이 단어는 동사이기 때문에 악센트는 끝에서 가능한 한 멀리(여기서는 두 번째 음절에) 오게 되는데(역행적

악센트), 그 음절이 길므로 써컴플렉스가 와야 한다. 따라서 올바른 모습은 $λῦε$이다.

제3과

현재 능동태 직설법

A. 단어

βλέπω, 보다(see).
γινώσκω, 알다(know).
γράφω, 쓰다, 기록하다(write).
διδάσκω, 가르치다(teach).
λαμβάνω, 취하다(take), 받다(receive).
λέγω, 말하다(say).
λύω, 풀다(loose), 파괴하다(destroy).
ἔχω, 가지다, 가지고 있다(have).

[참고] 헬라어 동사 원형의 뜻을 말할 때 굳이 '내가'를 넣어서 외울 필요는 없다. 예를 들어 βλέπω의 경우, 메이첸의 책에 보면, "I see"로 설명하고 있다. 물론 βλέπω가 문장 속에서 사용되었을 때에는 현재 능동태 직설법 1인칭 단수가 되어서 "I see."(내가 본다)가 맞다. 그러나 원형일 때에는 인칭과 관계없이 "(to) see"(보다)가 된다. 우리가 단어를 외울 때에는 현재 (능동태 직설법) 1인칭 단수형을 외운다기보다 동사 원형(사전 표제어)을 외운다고 하는 것이 더 옳다. 이 둘은 비슷하지만 정확하게 일

치하는 개념은 아니다. 예를 들면, ἀγαπάω(사랑하다) 동사의 경우, 원형은 ἀγαπάω이지만 현재 능동태 직설법 1인칭 단수는 ἀγαπῶ가 된다(23과 참조). 어쨌든 우리는 단어를 외울 때 원형을 외운다는 사실을 기억하자. 그리고 우리말로 '본다'는 현재형이고, 원형은 '보다'이다. 따라서 단어 βλέπω의 의미를 말할 때 '본다'고 말하면 문법적으로 100% 정확한 것은 아니다. 단어(동사 원형) βλέπω의 의미를 말할 때에는 '보다'가 옳다.

B. 익힘 문제

1. βλέπεις, γινώσκεις, λαμβάνεις

βλέπεις, 너는 본다(보고 있다).
γινώσκεις, 너는 안다(알고 있다).
λαμβάνεις, 너는 취한다/받는다(취하고/받고 있다).

[참고] 헬라어 동사의 현재 시상은 원래 진행 동작을 나타내는 시상이기 때문에 우리말의 현재형 또는 현재 진행형으로 번역할 수 있다. 예를 들어 λύω의 경우 "나는 푼다." 또는 "나는 풀고 있다." 둘 다 가능하다.

2. γράφει, ἔχει, λέγει

γράφει, 그는 쓴다(쓰고 있다).
ἔχει, 그는 가진다(가지고 있다).

λέγει, 그는 말한다(말하고 있다).

3. λύει, διδάσκει, βλέπει

λύει, 그는 푼다(풀고 있다).
διδάσκει, 그는 가르친다(가르치고 있다).
βλέπει, 그는 본다(보고 있다).

4. λαμβάνομεν, ἔχομεν, γινώσκομεν

λαμβάνομεν, 우리는 취한다/받는다(취하고 있다/받고 있다).
ἔχομεν, 우리는 가진다(가지고 있다).
γινώσκομεν, 우리는 안다(알고 있다).

5. βλέπετε, λέγετε, γράφετε

βλέπετε, 너희는 본다(보고 있다).
λέγετε, 너희는 말한다(말하고 있다).
γράφετε, 너희는 쓴다(쓰고 있다).

6. διδάσκουσι, λαμβάνουσι, λύουσι

διδάσκουσι, 그들은 가르친다(가르치고 있다).

λαμβάνουσι, 그들은 취한다/받는다(취하고 있다/받고 있다).
λύουσι, 그들은 푼다/파괴한다(풀고 있다/파괴하고 있다).

7. γινώσκετε, γινώσκεις, γινώσκομεν

γινώσκετε, 너희는 안다(알고 있다).
γινώσκεις, 너는 안다(알고 있다).
γινώσκομεν, 우리는 안다(알고 있다).

8. βλέπομεν, διδάσκουσι, λέγει

βλέπομεν, 우리는 본다(보고 있다).
διδάσκουσι, 그들은 가르친다(가르치고 있다).
λέγει, 그는 말한다(말하고 있다).

9. ἔχεις, βλέπουσι, λαμβάνομεν

ἔχεις, 너는 가진다(가지고 있다).
βλέπουσι, 그들은 본다(보고 있다).
λαμβάνομεν, 우리는 취한다/받는다(취하고 있다/받고 있다).

제4과

제2 명사 변화

A. 단어

ἀδελφός, ὁ, 형제(brother)

ἱερόν, τό, 성전(temple). ※ 성소(지성소 포함)와 안뜰과 바깥뜰 등을 다 포함한 넓은 의미에서의 성전이다. 좁은 의미에서의 성전 곧 성소는 ναός, ὁ이다. [참고] ἱ와 ε은 각각 따로 발음한다(히에론).

ἄνθρωπος, ὁ, 사람(man). 가장 넓은 의미에서의 사람이다.

καί, (접속사) 1) 그리고(and), (특별한 경우에) 그러나(but); 2) … 도, 또한(too, also); 3) … 조차(even).

ἀπόστολος, ὁ, 사도(apostle). ※ 어원상 '보냄 받은 자'란 뜻.

λόγος, ὁ, 말, 말씀(word).

δοῦλος, ὁ, 종(servant), 노예(slave).

νόμος, ὁ, 법(일반적 의미), 율법(모세 오경, 구약 전체, 또는 계명들 전체).

δῶρον, τό, 선물(gift).

οἶκος, ὁ, 집(house).

θάνατος, ὁ, 죽음, 사망(death).

υἱός, ὁ, 아들(son). ※ υἱ는 중모음으로서 같이 발음하고, ο는 따로 떼어서 발음한다(휘오스).

B. 익힘 문제

1. ἀδελφὸς βλέπει ἄνθρωπον.

▶ 헬라어에는 정관사만 있고 부정 관사는 없다. 따라서 관사 없이 사용된 명사는 단수에서는 영어의 부정 관사(a)가 붙어 있다고 생각할 수 있다. 그러나 헬라어에서는 원래 부정 관사가 없기 때문에 꼭 '한' 또는 '어떤'을 붙이지 않아도 된다.

[참고] 위의 ἀδελφὸς에서 어큐트 악센트(´)가 그레이브(`)로 바뀐 것은 뒤에 단어가 오기 때문이다. 이처럼 단어의 마지막 음절에 오는 어큐트 악센트는 문장 속에서 그 뒤에 다른 단어가 올 경우 그레이브 악센트로 바뀐다.

[번역] (한) 형제가 (한) 사람을 본다(보고 있다).

2. δοῦλος γράφει λόγους.

▶ δοῦλος는 주격이기 때문에 문장에서 주어가 된다.
▶ λόγους는 대격이므로 목적어가 된다.
▶ γράφει는 3인칭 단수.

[번역] (한) 종이 말씀들을 쓴다(쓰고 있다).

3. ἀπόστολοι διδάσκουσιν ἄνθρωπον.

▶ 동사 διδάσκουσιν의 제일 끝에 나오는 ν는 움직이는 ν로서, 경우에 따라 붙기도 하고 붙지 않기도 한다. 뜻에는 아무런 차이가 없다.

[번역] 사도들이 (한/어떤) 사람을 가르친다(가르치고 있다).

4. ἀπόστολοι λύουσι δούλους.

▶ λύουσι는 3인칭 복수. 주어는 주격인 ἀπόστολοι이다.

[번역] 사도들은 종들을 푼다/해방한다(풀고 있다/해방하고 있다).

5. δοῦλος λαμβάνει δῶρα.

▶ δῶρα는 δῶρον의 복수형임에 주의하라. 주격과 대격이 다 가능하나 위 문장에서는 δοῦλος(주격)가 주어로 사용되었기 때문에 δῶρα는 대격으로서 λαμβάνει의 목적어로 보아야 한다. 그리고 λαμβάνει 동사가 3인칭 단수이기 때문에 단수인 δοῦλος가 주어가 되어야 한다.

[번역] (한) 종이 선물들을 취한다/받는다(취하고 있다/받고 있다).

6. λαμβάνουσιν υἱοὶ οἴκους.

▶ οἴκους는 οἶκος의 복수 대격인데 '써컴플렉스'가 '어큐트'로 바뀐 것은 οἴκους의 마지막 음절(κους)이 길기 때문이다(ου는 장모음).

[번역] 아들들이 집들을 취하고 있다.

7. δούλους καὶ οἴκους λαμβάνουσιν ἀδελφοί.

▶ 여기서 -ους로 끝나는 명사는 남성 복수 대격임을 기억하자. 헬라어는 격이 분명하기 때문에 주어, 목적어, 동사의 위치가 바뀌어도 뜻에는 변함이 없다(물론 먼저 나오는 단어가 어느 정도 강조된다고 할 수는 있다). 영어에서처럼 단어의 위치에 따라 동사와 목적어가 결정되는 것이 아니라, 단어의 격에 따라 주어와 목적어가 결정된다. 즉, 주어는 주격으로, 목적어는 대개 대격으로 온다.

[번역] 형제들이 종들과 집들을 취하고 있다.

8. βλέπομεν ἱερὰ καὶ ἀποστόλους.

▶ ἱερά는 ἱερόν, τό의 복수 대격이다.
※ 이 문장에서 주어는 동사 βλέπομεν에 숨어 있다(우리).

[번역] 우리는 성전들과 사도들을 본다.

9. δούλους βλέπετε καὶ ἀδελφούς.

▶ 여기서 καί는 δούλους와 ἀδελφούς를 묶어 준다(… 와/과).

[번역] 너희는 종들과 형제들을 본다.

10. γράφεις λόγον ἀποστόλῳ.

▶ ἀποστόλῳ는 여격으로서 '사도에게'란 뜻이다.

[번역] 너는 사도에게 말씀을 쓴다.

제5과

제1명사 변화

A. 단어

ἀλήθεια, ἡ, 진리(truth).

βασιλεία, ἡ, 나라, 왕국(kingdom).

γραφή, ἡ, 책(writing), 성경(Scripture).

δόξα, ἡ, 영광(glory).

εἰρήνη, ἡ, 화평, 평화, 평강(peace).

ἐκκλησία, ἡ, 교회(church).

ἐντολή, ἡ, 계명(commandment).

ζωή, ἡ, 생명(life).

ἡμέρα, ἡ, 날, 낮(day).

καρδία, ἡ, 마음(heart).

παραβολή, ἡ, 비유(parable).

φωνή, ἡ, 소리, 음성(voice).

ψυχή, ἡ, 영혼(soul), 목숨(life).

ὥρα, ἡ, 시간, 때(hour). ※ 마지막 α는 길다.

B. 익힘 문제

1. ψυχὴ βλέπει ζωήν.

▶ ψυχή, 여성 단수 주격, 영혼(soul). 여기서 영혼은 사람을 가리킨다.
▶ ζωήν, 여성 단수 대격. ζωή는 생명 곧 영적인 생명을 뜻한다.

[번역] (한) 영혼이 생명을 본다/보고 있다.

2. βασιλεία γινώσκει ἀλήθειαν.

▶ βασιλεία는 왕이 다스리는 나라를 의미한다.

[번역] 나라(왕국)는 진리를 안다/알고 있다.

3. ἄνθρωπος γράφει ἐντολὰς καὶ νόμους.

▶ ἐντολάς는 ἐντολή(여성)의 복수 대격이다.
▶ νόμους는 νόμος(남성)의 복수 대격이다.

[번역] 한 사람이 계명들과 율법들을 쓰고 있다.

4. ἀπόστολοι λαμβάνουσι δούλους καὶ δῶρα καὶ ἐκκλησίας.

▶ δούλους(남 · 복 · 대, δοῦλος, 종)의 써컴플렉스가 어큐트로 바뀐 것은 마지막 음절이 길어졌기 때문이다.
▶ δῶρα는 δῶρον(τό, 선물)의 복수 대격.
▶ ἐκκλησίας(여 복 대, ἐκκλησία, 교회)는 단수 속격도 되고 복수 대격도 될 수 있으나, 여기서는 λαμβάνουσι(취한다)의 목적어로 사용되었기 때문에 대격이 옳다.

[번역] 사도들이 종들과 선물들과 교회들을 취하고 있다.

5. ἀπόστολοι καὶ ἐκκλησίαι βλέπουσι ζωὴν καὶ θάνατον.

▶ θάνατον, θάνατος(ὁ, 죽음)의 남성 단수 대격.

[번역] 사도들과 교회들이 생명과 죽음을 본다.

6. υἱὸς δούλου λέγει παραβολὴν ἐκκλησίᾳ.

▶ δούλου는 남성 단수 속격(종의). 원형은 δοῦλος.
▶ ἐκκλησίᾳ는 여성 단수 여격(교회에게).
▶ 헬라어 문장에서 여격과 대격의 위치는 어디에 오든 상관없다.

[번역] 종의 아들이 교회에게 비유를 말한다.

7. παραβολὴν λέγομεν καὶ ἐντολὴν καὶ νόμον.

▶ 이 문장의 주어는 λέγομεν에 숨어 있는 '우리'이다.
▶ 위 문장에서 세 개의 대격들이 καί로 연결되어 있는데, 그 사이에 동사나 다른 것이 들어와도 상관없다.

[번역] 우리는 비유와 계명과 율법을 말한다.

8. βασιλείας γινώσκετε καὶ ἐκκλησίας.

▶ βασιλείας와 ἐκκλησίας는 다 여성 복수 대격이다. 물론 형태상으로는 단수 속격도 될 수 있지만, 여기서는 γινώσκετε의 목적어이기 때문에 대격이 옳다.
▶ 이 문장의 주어는 γινώσκετε 안에 들어 있는 '너희'이다.

[번역] 너희는 왕국들과 교회들을 알고 있다.

9. ἐκκλησίαν διδάσκει ἀπόστολος καὶ βασιλείαν δοῦλος.

▶ βασιλείαν과 δοῦλος 사이에 동사 διδάσκει가 생략되어 있다.

[번역] 한 사도가 교회를 가르치고 있고, 한 종이 왕국을 가르치고 있다.

제6과

관사. 제1,2 형용사 변화
형용사의 용법

A. 단어

ἀγαθός, ή, όν, (형용사) 좋은, 선한(good).

ἄλλος, η, ο, (형용사) 다른(other). ※ 중성형은 ἄλλο이다(ἄλλον이 아님).

δίκαιος, α, ον, (형용사) 의로운(righteous).

ἐγείρω, 일으키다(raise).

ἔρημος, ἡ, 광야(wilderness). ※ 사람이 살지 않는 황량한 곳이란 뜻이다.

ἔσχατος, η, ον, (형용사) 마지막의(last). ※ 여성형은 ἐσχάτη가 된다(악센트에 주의).

κακός, ή, όν, (형용사) 나쁜, 악한(bad).

καλός, ή, όν, (형용사) 좋은(good), 아름다운(beautiful).

κύριος, ὁ, 주인(lord), 주님(Lord).

μικρός, ά, όν, (형용사) 작은(small, little).

νεκρός, ά, όν, (형용사) 죽은(dead).

ὁ, ἡ, τό, (관사) 그(the).

ὁδός, ἡ, 길(way).

πιστός, ή, όν, (형용사) 신실한(faithful).

πρῶτος, η, ον, (형용사) 처음의(first). ※ 여성형은 πρώτη가 된다.

B. 익힘 문제

1. ἀγαθὴ ἡ ἐκκλησία καὶ ἡ βασιλεία κακή.

- ▶ ἀγαθή와 κακή는 형용사로서 서술적 용법으로 사용되었다(선하다, 악하다). 서술적 용법의 특징은 형용사 앞에 관사가 오지 않는 것이다.
- ▶ 위 문장에서 ἀγαθή의 악센트가 어큐트에서 그레이브로 바뀐 것은 뒤에 단어가 와서 약화되었기 때문이다.

[번역] (그) 교회는 선하고 (그) 나라는 악하다.

2. ἡ κακὴ καρδία τῶν ἀνθρώπων γινώσκει θάνατον.

- ▶ 여기서 κακή는 한정적(제한적) 용법으로 사용되었다(악한). 왜냐하면 앞에 관사가 있기 때문이다.

[번역] (그) 사람들의 악한 마음은 죽음을 안다.

3. οἱ ἀπόστολοι βλέπουσι τοὺς μικροὺς οἴκους καὶ τὰς κακὰς ὁδούς.

▶ μικρούς는 형용사로서 남성 복수 대격이며 한정적 용법으로 사용되었다(μικρός, 작은). 앞에 관사가 있기 때문이다.

▶ κακάς는 형용사로서 여성 복수 대격이며 한정적 용법으로 사용되었다(κακή, 악한).

▶ ὁδούς는 남성처럼 보이나 여성이다(복수 대격). 따라서 τὰς κακὰς ὁδούς를 단수 주격형으로 바꾸면 ἡ κακὴ ὁδός가 된다. 이처럼 남성처럼 변하는 여성형 명사로서 중요한 것은 ὁδός와 ἔρημος가 있다.

▶ τοὺς μικροὺς οἴκους를 단수 주격형으로 바꾸면 ὁ μικρὸς οἶκος가 된다. 악센트 변화에 주의하라.

[번역] (그) 사도들이 (그) 작은 집들과 (그) 악한 길들을 보고 있다.

4. οἱ δοῦλοι οἱ κακοὶ λύουσι τὸν οἶκον τοῦ ἀποστόλου.

▶ 여기서 κακοί는 앞에 관사가 있어서 한정적 용법으로 사용되었다.

▶ οἱ κακοί는 οἱ δοῦλοι를 한정(수식)한다. οἱ δοῦλοι οἱ κακοί를 다르게 표현하면 οἱ κακοὶ δοῦλοι가 된다.

▶ λύουσι는 여기서 '파괴하다'(destroy)는 뜻이다.

[번역] 그 악한 종들이 그 사도의 집을 파괴하고 있다.

5. οἱ κακοὶ λύουσι τὸ ἱερόν.

▶ 여기서 κακοί 는 명사적(독립적)으로 사용되었다. 앞에 관사가 온 것은 한정적 용법과 같으나, 뒤에 명사가 없으므로 독립적(명사적)으로 사용되었다. 이런 경우에는 κακοί 다음에 내용상 ἄνθρωποι가 생략되었다고 보면 된다.
▶ τὸ ἱερόν은 주격과 대격 둘 다 가능하나, 여기서는 λύουσι의 목적어로 사용되었기 때문에 대격으로 봐야 한다.

[번역] 악한 자들이 (그) 성전을 파괴하고 있다.

6. ὁ κύριος τῆς ζωῆς ἐγείρει τοὺς νεκρούς.

▶ κύριος는 1) 주인, 상전; 2) 주님, 주재자 등의 뜻을 가지고 있다. 여기서 는 '주님'이라는 뜻이다.
▶ 여기서 νεκρούς는 명사적 용법으로 사용되었다(죽은 자들을).
▶ ἐγείρει의 원형 ἐγείρω는 '일으키다'는 뜻을 가지고 있다.

[번역] 생명의 주님이 죽은 자들을 일으킨다.

7. οἱ λόγοι τῆς ἀληθείας διδάσκουσι τοὺς ἄλλους ἀποστόλους.

▶ τῆς ἀληθείας는 ἡ ἀλήθεια의 속격형(진리의).

▶ 여기서 *ἄλλους*는 남성 복수 대격으로서 한정적 용법으로 사용되었다.

*ἄλλους*의 단수 주격형은 *ἄλλος, ἄλλη, ἄλλο*이다(중성은 *ἄλλον*이 아니라 *ἄλλο*인 것에 주의하라.) 이처럼 형용사의 (단수) 중성형이 *-ον*이 아니라 *-ο*로 끝나는 것이 몇 개 있다. 이런 형용사는 특별히 신경 써서 외어야 한다.

[번역] 진리의 말씀들이 다른 사도들을 가르친다.

8. *οἱ δίκαιοι λαμβάνουσι τὰ δῶρα τοῦ κυρίου τὰ καλά.*

▶ 여기서 *δίκαιοι*는 명사적(독립적) 용법으로 사용되었다. *οἱ δίκαιοι*는 남녀를 다 포함하는 대표성으로서의 남성이며, 꼭 남자들로만 제한할 필요는 없다.
▶ *τὰ δῶρα τοῦ κυρίου τὰ καλά*에서 *τοῦ κυρίου*는 대격 명사들 사이에 끼어든 것이다. 따라서 *τὰ καλά*는 *τὰ δῶρα*에 내용상 바로 연결된다(그 좋은 선물들). 그 이유는 성·수·격이 일치하기 때문이다. 여기서 *καλά*는 앞에 관사가 있어서 한정적 용법으로 사용되었다. 즉, *τὰ καλά*는 *τὰ δῶρα*를 한정(수식)한다.

[번역] 그 의로운 사람들이(의인들이) 주님의 좋은 선물들을 취하고 있다.

9. ὁ κακὸς βλέπει τὴν ἔρημον καὶ τοὺς ἐσχάτους οἴκους.

▶ ὁ κακός는 '그 악한 남자(사람)'를 뜻한다(명사적 용법).
▶ 이 문장에서 목적어는 τὴν ἔρημον과 τοὺς ἐσχάτους οἴκους 두 개이다.
▶ ἔρημον은 여성 명사로서 남성처럼 변한다. 따라서 τὴν ἔρημον을 주형으로 바꾸면 ἡ ἔρημος가 된다.
▶ τοὺς ἐσχάτους οἴκους를 단수 주격형으로 바꾸면 ὁ ἔσχατος οἶκος로 된다. 악센트 변화에 주의하라.
▶ 여기서 ἐσχάτους는 관사와 명사 사이에 끼어서 한정적 용법으로 사용되었다.

[번역] 그 악한 자는 그 광야와 그 마지막(끝에 있는) 집들을 보고 있다.

10. πρῶτοι οἱ δοῦλοι· ἔσχατοι οἱ κύριοι.

▶ πρῶτος, πρώτη, πρῶτον은 '첫째의, 가장 먼저'(first)의 뜻이다.
▶ ἔσχατος, ἐσχάτη, ἔσχατον은 '마지막의, 제일 끝의'(last)라는 뜻이다.
▶ 여기서 κύριοι는 '주님들'이 아니라 '주인들, 상전들'이라는 뜻이다.
▶ δοῦλοι 다음에 있는 문장 부호(·)는 콜론(colon)인데, 내용상 서로 연결되는 두 문장을 나눌 때 사용된다. 영어의 쉼표(,)와 마침표(.)의 중간쯤 되는 역할을 한다. 영어의 세미콜론(;)과 비슷하다고 생

각할 수 있지만 사실은 서로 다르다.

[번역] 그 종들은 첫째이고, 그 주인들은 마지막이다.

제7과

제1 남성 명사 변화. 전치사

A. 단어

ἄγγελος, ὁ, 사자(使者, messenger), 천사(angel). ※ 원래 뜻은 '보냄 받은 자' 곧 '사자'이다.

ἄγω, 인도하다(lead).

ἀπό, (전치사. + 속격) 로부터(from).

βάλλω, 던지다(throw).

διά, (전치사) 1) (+ 속격) 통하여(through); 2) (+ 대격) 때문에(on account of)

εἰς, (전치사) (+ 대격) 안으로(into).

ἐκ, (전치사) (+ 속격) 에서 밖으로(out of). ※ 모음 앞에서는 ἐξ가 된다.

ἐν, (전치사) (+ 여격) 안에(in).

θεός, ὁ, 하나님(God), 신(god).

κόσμος, ὁ, 세상(world).

λίθος, ὁ, 돌(stone).

μαθητής, ὁ, 제자(disciple).

μένω, 머물다(remain, stay).

μετά, (전치사) 1) (+ 속격) 와 함께(with); 2) (+ 대격) 후에(after).

제7과 제1 남성 명사 변화, 전치사

οὐρανός, ὁ, 하늘(heaven).

πέμπω, 보내다(send).

πρός, (전치사) (+ 대격) 에게로(toward, to)

προφήτης, ὁ, 선지자(prophet).

τέκνον, τό, 아이(child).

τόπος, ὁ, 장소(place).

φέρω, 1) 가지고 가다(carry), 데리고 가다(bring); 2) 참다(bear).

B. 익힘 문제

1. οἱ μαθηταὶ τῶν προφητῶν μένουσιν ἐν τῷ κόσμῳ.

- ▶ μαθηταί, μαθητής(ὁ, 제자)의 복수 주격.
- ▶ προφήτων, προφήτης(ὁ, 선지자)의 복수 속격.
- ▶ 이 두 명사는 여성처럼 변할 때가 많이 있지만 남성 명사이다. 단수 속격에서만 남성처럼 변한다. μαθητής의 악센트는 제일 끝에 오고 προφήτης의 악센트는 중간에 온다는 사실에 주의하자.
- ▶ 전치사 ἐν은 여격을 지배하며 정주(定住, rest)의 의미를 가진다(안에).

[번역] (그) 선지자들의 제자들은 세상 (안)에 머문다.

2. οἱ κακοὶ βάλλουσιν λίθους εἰς τὸν οἶκον τῶν μαθητῶν.

▶ 여기서 οἱ κακοί는 악한 자들(사람들). 남녀 모두를 포함하는 대표 남성으로 보아야 한다.
▶ 여기서 형용사 κακοί는 명사적(독립적) 용법으로 사용되었다.
▶ 전치사 εἰς(into)는 대격을 지배하며 장소 이동, 운동(motion)의 개념을 가진다.

[번역] (그) 악한 자들이 제자들의 집 안으로 돌들을 던진다.

3. ὁ θεὸς πέμπει τοὺς ἀγγέλους εἰς τὸν κόσμον.

▶ ἀγγέλους는 ἄγγελος(ὁ, 천사)의 복수 대격이다.

[번역] 하나님은 천사들을 세상 (안)으로 보내신다.

4. ὁ προφήτης πέμπει τοὺς μαθητὰς τοῦ κυρίου ἐκ τῶν οἴκων εἰς τὴν ἐκκλησίαν.

▶ πέμπω, 보내다.
▶ τοὺς μαθητὰς τοῦ κυρίου, 주님의 제자들을.
▶ ἐκ … εἰς … , … 에서부터 … 에게로(from … to …).

[번역] (그) 선지자는 주님의 제자들을 그 집들에서부터 그 교회로 보낸다.

5. ὁ θεὸς ἐγείρει τοὺς νεκροὺς ἐκ θανάτου.

- ▶ ἐγείρω, 일으키다.
- ▶ οἱ νεκροί, 죽은 자들(the dead). νεκρός는 형용사로서 '죽은'(dead)의 뜻인데, 여기서는 관사와 함께 사용되어 '죽은 자들'을 의미한다.
- ▶ ἐκ θανάτου, 죽음(사망)에서부터.

[번역] 하나님은 죽은 자들을 죽음(사망)에서 일으키신다.

6. λαμβάνετε τὰ καλὰ δῶρα ἀπὸ τῶν τέκνων.

- ▶ καλά는 한정적 용법으로 사용되었다. τὰ καλὰ δῶρα, 좋은 선물들을.
- ▶ ἀπό는 속격을 지배하며 분리(separation)의 개념을 가지고 있다(…로부터).

[번역] 너희는 좋은 선물들을 그 아이들로부터 취한다/받는다.

7. ἄγομεν τὰ τέκνα ἐκ τῶν οἴκων.

- ▶ τέκνα, τέκνον(τό, 아이)의 복수.

- ▶ ἄγω, 인도하다, 이끌다.
- ▶ 여기서 ἐκ는 '밖으로'(out of)의 의미.

[번역] 우리는 그 아이들을 (그) 집들 밖으로 인도한다/이끌어 낸다.

8. μετὰ τοὺς ἀγγέλους πέμπει ὁ θεὸς τὸν υἱόν.

- ▶ μετά + 대격, 후에(after). 곧 시간적으로 뒤(후)임을 나타낸다.

[번역] 하나님은 천사들(을 보내신) 후에 아들을 보내신다.

9. μετὰ τῶν ἀγγέλων ἄγει ὁ κύριος τοὺς δικαίους εἰς τὸν οὐρανόν.

- ▶ μετά + 속격, 함께(with).
- ▶ τοὺς δικαίους, 의로운 사람들을(의인들을). 여기서 δικαίους는 명사적 용법으로 사용되었다.
- ▶ οὐρανός, ὁ, 하늘(heaven)은 신약 성경에서 복수로 많이 사용된다.

[번역] 주님은 천사들과 함께 의인들을 하늘로 인도하신다.

10. διὰ τῶν ὁδῶν τῆς ἐρήμου φέρουσιν οἱ δοῦλοι τὰ δῶρα εἰς ἄλλον τόπον.

▶ διά + 속격, 통하여, 통과하여(through).
▶ ἔρημος (ἐρήμου, ἐρήμῳ, ἔρημον)는 여성 명사이나 남성 명사처럼 변한다.
▶ ἄλλος, 다른(other).
▶ φέρω는 '데리고 가다'(bring), '운반하다'(carry), '참다'(bear)는 뜻.

[번역] (그) 종들은 광야의 길들을 통하여 그 선물들을 다른 장소로 운반한다.

제8과

엔클리틱(enclitic). 인칭 대명사
$\epsilon i\mu i$의 현재 직설법

A. 단어

αὐτός, ἡ, ὁ, (인칭 대명사) 그(he), 그녀(she), 그것(it).

ἐγώ, (인칭 대명사) 나(I).

δέ, (접속사) 그런데, 그러나(but). ※ 의미의 전환을 나타낸다. 문장의 처음에는 올 수 없다(후치사).

εἰμί, 1) 이다(계사, copula); 2) 있다(존재를 나타낸다). ※ 영어의 be 동사의 "(I) am"에 해당한다.

σύ, (인칭 대명사) 너(you). ※ 헬라어에는 존칭이 따로 없다.

B. 익힘 문제

1. οἱ μαθηταί σου γινώσκουσι τὴν βασιλείαν καὶ ἄγουσι τοὺς ἀδελφοὺς αὐτῶν εἰς αὐτήν.

   ▶ σου는 인칭 대명사(2인칭 단수 속격)이며 enclitic이다. 따라서 강조의 경우를 제외하고는 악센트가 없다. 앞 단어와 붙어서 마치 한

단어인 것처럼 발음되기 때문에 앞 단어의 끝 음절에 온 그레이브 악센트가 어큐트 악센트로 바뀌었다.

- ▶ αὐτῶν은 3인칭 복수 속격 인칭 대명사로서 앞에 나온 οἱ μαθηταί (제자들)을 받는다(그들의).
- ▶ αὐτήν은 3인칭 여성 인칭 대명사(단수 대격)로서 앞에 나온 τὴν βασιλείαν을 받는다.

[번역] 너의 제자들은 그 나라를 안다. 그리고 그들의 형제들을 그(나라)안으로 인도한다.

2. διδάσκω τοὺς ἀδελφούς μου καὶ λέγω αὐτοῖς παραβολήν.

- ▶ 여기서 μου는 1인칭 단수 인칭 대명사로서 엔클리틱이다. μου는 비강조형으로서 악센트가 없으며 강조형은 ἐμοῦ이다.
- ▶ αὐτοῖς(그들에게)는 3인칭 인칭 대명사로서 앞에 나온 τοὺς ἀδελφούς를 가리킨다.

[번역] 나는 나의 형제들을 가르친다. 그리고 그들에게 비유를 말한다.

3. ἄγει με ὁ κύριος πρὸς τοὺς μαθητὰς αὐτοῦ.

▶ με(나를)는 1인칭 단수 인칭 대명사(대격)로서 엔클리틱이다.
▶ αὐτοῦ는 3인칭 남성 단수 인칭 대명사(속격)로서 앞에 나온 ὁ κύριος를 받는다.

[번역] 주님은 나를 그의 제자들에게로 인도한다.

4. δι᾽ ἐμὲ βλέπεις σὺ τὸν θάνατον, σοὶ δὲ
ἐγὼ λέγω λόγους κακούς.

▶ 여기서는 σύ와 ἐγώ가 대비되어 있다. 따라서 인칭 대명사가 사용되었다.
▶ δι᾽ (= διά), 뒤에 모음이 옴으로 α가 생략되었다. δι᾽ ἐμέ는 '나 때문에', '나를 인하여'란 뜻이다. ἐμέ는 1인칭 단수 인칭 대명사로서 대격이다. 강조형이다. 전치사 뒤에는 대개 강조형이 사용된다.
▶ δέ는 접속사로서 앞의 문장과 뒤의 문장이 전환 또는 대비가 됨을 나타낸다(그런데, 그러나).
▶ λόγους κακούς는 '악한 말들을'. 여기서 형용사 κακούς는 관사가 앞에 없지만 한정적 용법으로 사용되었다.

[번역] 너는 나 때문에 죽음을 본다. 그러나 나는 너에게 악한 말들을 말한다.

5. διὰ σοῦ ἄγει ὁ θεὸς τοὺς πιστοὺς εἰς τὴν
βασιλείαν αὐτοῦ καὶ δι᾿ αὐτῶν τοὺς ἄλλους.

▶ διὰ σοῦ(속격), 너를 통하여, 너로 말미암아.
▶ τοὺς πιστούς, 신실한 자들을. 단수 주격형으로 고치면 ὁ πιστός 가 된다. 여기서 πιστούς는 명사적 용법으로 사용되었다.
▶ αὐτοῦ는 3인칭 단수 인칭 대명사로서 ὁ θεός를 가리킨다.
▶ δι᾿ αὐτῶν에서 αὐτῶν은 τοὺς πιστούς를 받는다(그들을 통하여).
▶ τοὺς ἄλλους, 다른 사람들을. ἄλλους는 명사적(독립적) 용법으로 사용되었다.
▶ καί 이하의 문장에서 δι᾿ αὐτῶν 다음에 ἄγει가 생략되었다.

[번역] 하나님은 너를 통하여 신실한 자들을 그의 나라 안으로 인도하신다. 그리고 그들을 통하여 다른 사람들을 인도하신다.

6. δι᾿ ἡμᾶς μένει ὁ κύριος ἐν τῷ κόσμῳ.

▶ δι᾿ ἡμᾶς (διά + 대격), 우리를 인하여, 우리 때문에.
▶ μένω, 머물다(stay, remain).

[번역] 주님은 우리를 인하여 세상에 머문다(머물고 있다).

7. ἐγώ εἰμι δοῦλος, σὺ δὲ ἀπόστολος.

▶ 여기서는 ἐγώ와 σύ가 서로 대비되어 있다. 그래서 인칭 대명사가 사용되었다.
▶ δέ는 대비를 나타내는 접속사. 문장의 첫머리에는 올 수 없다(후치사).
▶ ἐγώ에서 어큐트 악센트가 그레이브로 바뀌지 않은 것은 뒤에 엔클리틱인 εἰμί 동사가 왔기 때문이다. 이 경우에 우리는 ἐγώ εἰμί가 마치 한 단어인 것처럼 생각하고 읽어야 한다. 따라서 ἐγώ의 어큐트 악센트가 그레이브로 바뀌지 않고 원래의 악센트가 그대로 유지되었다.

[번역] 나는 종이다. 그러나 너는 사도이다.

8. ἀγαθός ἐστιν ὁ κύριος καὶ ἀγαθοί ἐστε ὑμεῖς.

▶ 여기서 ἐστιν은 εἰμί 동사의 3인칭 단수이고, ἐστε는 εἰμί 동사의 2인칭 복수이다. 둘 다 엔클리틱으로서 ἀγαθός와 ἀγαθοί에서 악센트가 제일 마지막 음절에 왔지만 그레이브로 변하지 않았다. 그리고 두 번째 문장에서 인칭 대명사 ὑμεῖς가 오지 않아도 되지만 (ἐστε가 2인칭 복수이므로), 앞 문장에서 주어 ὁ κύριος가 왔기 때문에 뒷 문장에서도 인칭 대명사 ὑμεῖς를 사용하였다.
▶ 주님이 선하시고 너희가 선하다는 이 두 사실이 병렬 접속사 καί로 연결되었다.

[번역] 주님은 선하다. 그리고 너희도 선하다.

9. μαθηταί ἐστε τοῦ κυρίου καὶ ἀδελφοὶ τῶν ἀποστόλων αὐτοῦ.

- ▶ 이 문장에서 주어는 동사 ἐστε에 들어 있다(너희). μαθηταί는 복수 주격으로서 보어로 사용되었다. τοῦ κυρίου는 μαθηταί에 연결된다.
- ▶ ἀδελφοί도 보어(補語)로 사용되었다. 이처럼 보어로 사용될 때 관사가 붙지 않는 경우가 많다(항상 그런 것은 아니다).
- ▶ 문장 제일 끝에 나오는 αὐτοῦ는 인칭 대명사로서 τοῦ κυρίου를 받는다.

[번역] 너희는 주님의 제자들이고 그의 사도들의 형제들이다.

10. ὁ ἀπόστολος πιστός ἐστιν, οἱ δὲ δοῦλοι αὐτοῦ κακοί.

- ▶ πιστός, 신실한, 충성된(서술적 용법).
- ▶ 접속사 δέ는 전환 또는 대비를 나타낸다.
- ▶ αὐτοῦ는 앞에 나온 ὁ ἀπόστολος를 가리킨다.
- ▶ κακοί는 서술적 용법으로 사용되었다(악하다).

[번역] 그 사도는 신실하다. 그러나 그의 종들은 악하다.

제9과

지시 대명사
αὐτός 용법 추가

A. 단어

ἀγάπη, ἡ, 사랑(love).

ἁμαρτία, ἡ, 죄(sin).

βαπτίζω, 세례 주다(baptize).

διδάσκαλος, ὁ, 선생(teacher).

ἐκεῖνος, η, ο, (지시 대명사) 저(that). ※ 여성형은 ἐκείνη가 된다.

ἐπαγγελία, ἡ, 약속(promise).

εὐαγγέλιον, τό, 복음(gospel).

κρίνω, 판단하다, 심판하다(judge).

νῦν, (부사) 지금(now).

οὗτος, αὕτη, τοῦτο, (지시 대명사) 이(this).

οὕτως, (부사) 이와 같이(thus), 그리하여(so).

πονηρός, ά, όν, (형용사) 악한(evil).

πρόσωπον, τό, 얼굴(face).

χαρά, ἡ, 기쁨(joy).

B. 익힘 문제

1. οὗτοι οἱ διδάσκαλοι κρίνουσιν αὐτὸν τὸν ἀπόστολον.

   ▶ οὗτοι는 지시 대명사(남·복·주)로서 '이'(these)라는 뜻이다. οἱ διδάσκαλοι를 한정한다. 이 경우에 한정되는 명사는 반드시 관사를 가진다. 지시 대명사 οὗτος는 3인칭 인칭 대명사 αὐτός와는 다른 것이므로 주의를 요한다.
   ▶ κρίνω는 '판단하다, 심판하다, 비판하다'의 뜻을 가지고 있다. 가장 기본적인 뜻은 '판단하다'(judge)이다.
   ▶ αὐτὸν τὸν ἀπόστολον에서 αὐτόν은 3인칭 인칭 대명사로서 τὸν ἀπόστολον을 강조하는 기능을 한다(사도 자신을). 이것을 주격형으로 바꾸면 αὐτὸς ὁ ἀπόστολος가 된다. 또는 ὁ ἀπόστολος αὐτός로 할 수도 있는데 뜻은 같다.

   [번역] 이 선생들은 사도 자신을 판단한다.

2. ὁ δὲ αὐτὸς διδάσκαλος ἔχει τὴν αὐτὴν χαρὰν
   ἐν τῇ καρδίᾳ αὐτοῦ.

   ▶ δέ는 앞에 나온 문장과 역접 또는 전환됨을 나타내는 것으로서 여기서는 번역하지 않아도 된다. δέ는 후치사로서 문장의 제일 앞에는

올 수 없다.
- ὁ αὐτὸς διδάσκαλος에서 αὐτός는 관사 ὁ와 명사 διδάσκαλος 사이에 끼어 있다. 이런 경우에 αὐτός는 '바로 그'(the very), '동일한'(the same)이란 의미를 지닌다.
- ὁ αὐτὸς διδάσκαλος는 ὁ διδάσκαλος ὁ αὐτός로 표현할 수도 있다. 뜻은 같다.
- 제일 끝에 나오는 αὐτοῦ는 인칭 대명사 3인칭 남성 단수 속격으로 '그의'라는 뜻이다. 이 경우에 τῇ καρδίᾳ가 여격이고 αὐτοῦ가 속격이므로 서로 격이 같지 않다는 사실에 주의하라. 이와 달리 강조 용법이 되려면 성수격이 같아야 한다. 따라서 αὐτοῦ가 올 때에 그것의 수식을 받는 명사의 성수격이 같지 아니하면(속격이 아니면) 인칭 대명사로 보아야 한다.
- τὴν αὐτὴν χαράν에서 αὐτήν은 '바로 그, 동일한'의 의미를 가진다. 이것을 주격형으로 바꾸면 ἡ αὐτὴ χαρά가 된다. 여기서는 αὐτή가 관사와 χαρά 사이에 끼어 있어서 '바로 그' 외의 다른 의미를 가질 수 없다.

[번역] (그러나) 바로 그 선생이 동일한 기쁨을 그의 마음에 가지고 있다.

3. νῦν λαμβάνω αὐτὸς τὸ αὐτὸ εὐαγγέλιον ἀπὸ τοῦ κυρίου μου.

- 제일 먼저 나오는 αὐτός는 λαμβάνω에 숨어 있는 인칭 대명사 '나'

제9과 지시 대명사 αὐτός 용법 추가

를 강조한다(내 자신이). 여기의 *αὐτός*가 3인칭 인칭 대명사로서 '그는'이란 뜻이 될 수 없는 이유는 *λαμβάνω* 동사가 1인칭 단수임을 분명히 나타내고 있기 때문이다. 따라서 문장에서 주어를 찾을 때 동사의 인칭 어미를 제일 우선적으로 살펴보아야 한다.

▶ *τὸ αὐτὸ εὐαγγέλιον*에서 *αὐτό*가 관사와 명사 사이에 끼어 있어서 '바로 그, 동일한'의 의미를 가진다.

▶ 제일 끝에 나오는 *μου*는 인칭 대명사(비강조형)으로서 '나의'란 뜻이다.

[번역] 지금 내 자신이 동일한 복음을 나의 주님으로부터 받는다.

4. *οὗτος βλέπει ἐκεῖνον καὶ κρίνει αὐτόν.*

▶ *οὗτος*와 *ἐκεῖνον*은 지시 대명사이고 *αὐτόν*은 인칭 대명사이다. 혼동하지 않도록 주의하라. 여기서 *οὗτος*와 *ἐκεῖνον*은 독립적(명사적)으로 사용되었다.

▶ 문장 끝에 나오는 *αὐτόν*은 앞에 나온 *ἐκεῖνον*을 받는다.

[번역] 이 사람은 저 사람을 본다. 그리고 그를 판단한다.

5. μετὰ ταῦτα ἔχετε αὐτοὶ τὴν ἀγάπην τοῦ κυρίου ἐν ταῖς καρδίαις ὑμῶν.

- ▶ μετὰ ταῦτα에서 ταῦτα는 τοῦτο의 복수 대격으로 지시 대명사이다. μετὰ ταῦτα는 '이것들(이 일들) 후에'라는 뜻이다.
- ▶ ἔχετε αὐτοί에서 αὐτοί는 인칭 대명사로서 ἔχετε의 숨은 주어(너희)를 강조한다. αὐτός가 아니라 αὐτοί가 온 이유는 ἔχετε가 복수이기 때문이다. 여기서 문장 전체의 주어는 αὐτοί가 아니라 동사 ἔχετε 안에 숨어 있는 '너희'이다.

[번역] 이것들 후에 너희 자신이 너희 마음들 (속)에 주님의 사랑을 가지고 있다.

6. οὗτοι ἔχουσι χαράν, ἐκεῖνοι δὲ ἔχουσιν ἁμαρτίαν.

- ▶ οὗτοι와 ἐκεῖνοι는 지시 대명사로서 독립적으로 사용되었다(이 사람들, 저 사람들).
- ▶ δέ는 두 문장이 역접(逆接) 관계임을 나타낸다(그러나, 그런데).
- ▶ 동사 ἔχω는 지속적인 상태를 나타내는 것으로서 '가지고 있다'의 뜻이다.

[번역] 이 사람들은 기쁨을 가지고 있다. 그러나 저 사람들은 죄를 가지고 있다.

제9과 지시 대명사 αὐτός 용법 추가

7. αὕτη δέ ἐστιν ἡ φωνὴ τοῦ κυρίου αὐτοῦ.

▶ αὕτη는 지시 대명사(여성 단수 주격)이다. 인칭 대명사 αὐτή와 혼동하지 않도록 주의하라. 지시 대명사의 경우에는 거친 숨표가 있으며 악센트가 앞에 오지만, 인칭 대명사의 경우에는 연한 숨표이며 악센트가 뒤에 온다.

▶ 제일 끝에 나오는 αὐτοῦ는 두 가지로 이해될 수 있다. 첫째는 τοῦ κυρίου를 강조하는 것으로 볼 수 있는데, 그러면 τοῦ κυρίου αὐτοῦ는 '주님 자신의'라는 뜻이 된다. 이 경우에 αὐτοῦ는 위치를 옮겨서 αὐτοῦ τοῦ κυρίου로 할 수도 있다. 이 경우의 αὐτοῦ는 명사를 강조하고 있다. 둘째로, 여기의 αὐτοῦ를 3인칭 인칭 대명사로 볼 수도 있다. 이 경우 τοῦ κυρίου αὐτοῦ는 '그의 주님의'라는 뜻이 된다. 첫 번째(강조 용법)의 경우 τοῦ κυρίου αὐτοῦ를 주격형으로 고치면 ὁ κύριος αὐτός가 된다. 두 번째(인칭 대명사)의 경우를 주격형으로 고치면 ὁ κύριος αὐτοῦ가 된다. 즉, 인칭 대명사 속격으로 사용되는 αὐτοῦ는 관계된 명사의 격의 변화에 관계없이 항상 αὐτοῦ이다.

[번역] 이것은 주님 자신의(그의 주님의) 음성이다.

8. οὕτως γινώσκομεν τοῦτον καὶ βλέπομεν τὸ πρόσωπον αὐτοῦ.

▶ οὕτως, 부사로서 '이와 같이', '그리하여'.

- ▶ τοῦτον, 지시 대명사 οὗτος의 단수 대격. 명사적/독립적으로 사용되었다.
- ▶ 제일 끝의 αὐτοῦ는 인칭 대명사로서 '그의'라는 뜻.

[번역] 이와 같이(그리하여) 우리는 이 사람을 안다. 그리고 그의 얼굴을 본다.

9. λαμβάνομεν ταῦτα τὰ δῶρα ἀπὸ τοῦ αὐτοῦ
   καὶ βλέπομεν αὐτόν.

- ▶ ταῦτα, 지시 대명사 touʼto의 복수 대격(οὗτος의 중성 복수 대격). τὰ δῶρα를 한정한다.
- ▶ τοῦ αὐτοῦ에서 αὐτοῦ는 '바로 그, 동일한'(the same)의 뜻. τοῦ αὐτοῦ 뒤에 ἀνθρώπου가 생략되어 있다고 볼 수 있다(바로 그 사람).
- ▶ 제일 끝의 αὐτόν은 인칭 대명사로서 앞에 나오는 τοῦ αὐτοῦ를 받는다.

[번역] 우리는 바로 그(동일한) 사람으로부터 이 선물들을 취한다. 그리고 그를 본다.

10. αὐτὸς βαπτίζεις ἐκεῖνον καὶ εἶ ἀδελφὸς αὐτοῦ.

- ▶ 여기서 αὐτός는 βαπτίζεις의 숨은 주어(너)를 강조한다(너 자신이, 네가 친히).

▶ ἐκεῖνον은 지시 대명사 ἐκεῖνος의 남성 단수 대격(저를).

▶ εἶ는 εἰμί 동사의 2인칭 단수(you are). ἀδελφὸς αὐτοῦ는 εἶ의 보어로 사용되었다.

▶ 인칭 대명사 αὐτοῦ는 앞에 나온 ἐκεῖνον을 받는다.

[번역] 너 자신이(네가 친히) 저 사람을 세례 준다. 그리고 너는 그의 형제이다.

제10과

현재 중간태 · 수동태 직설법
수단의 여격. 디포넌트 동사. 합성 동사

A. 단어

ἀλλά, (접속사) 그러나(but). ※ 역접을 나타낸다.

ἀκούω, 듣다(hear).

ἁμαρτωλός, ὁ, 죄인(sinner). ※ 원래는 형용사로서 '죄인된'(sinful)이란 뜻이다(남/여 ἁμαρτωλός, 중 ἁμαρτολόν).

ἀποκρίνομαι, (디포) 대답하다(answer).

ἄρχω, 1) (능동태. + 속격) 통치하다(rule); 2) (중간태. ἄρχομαι) 시작하다(begin).

γίνομαι, (디포) 되다(become). ※ 보어는 주격으로 온다.

διέρχομαι, (디포) 통하여 가다(go through).

εἰσέρχομαι, (디포) 들어가다(go in).

ἐξέρχομαι, (디포) 나가다(go out).

ἔρχομαι, (디포) 오다(come), 가다(go).

ὅτι, (접속사) 1) … 라는 것을(that); 2) … 하기 때문에(because).

οὐ, 아니(not). ※ 모음 앞에서는 οὐκ가 되고, 거친 숨표 앞에서는 οὐχ가 된다. 프로클리틱(proclitic)으로서 뒷 단어와 밀접히 연결되어 발음된

제10과 현재 중간태 · 수동태 직설법. 수단의 여격. 디포넌트 동사. 합성 동사

다. 따라서 자체의 악센트가 없다.

πορεύομαι, (디포) 가다(go).

σῴζω, 구하다, 구원하다(save). ※ 현재형에서는 반드시 요타 하기(ι subscript)가 있어야 한다. 그러나 다른 시상에서는 ι가 탈락하는 경우가 많다(cf. Bauer, Liddell-Scott).

ὑπό, (전치사) 1) (+ 속격) 에 의해(by); 2) (+ 대격) 아래에(under).

B. 익힘 문제

1. λύονται οὗτοι οἱ δοῦλοι ὑπὸ τοῦ κυρίου.

   ▶ λύονται, λύω 동사의 현재 수동태 직설법(3인칭 복수). 현재 시상이기 때문에 진행 동작을 나타낸다(풀려지고 있다).
   ▶ 전치사 ὑπό는 수동태에 있어서 행위자(agent)를 나타낸다. 영어로 말하면, 수동태에 있어서의 by에 해당한다.

   [번역] 이 종들은 그 주인에 의해 풀려지고 있다.

2. τῷ λόγῳ τοῦ κυρίου ἀγόμεθα εἰς τὴν ἐκκλησίαν τοῦ θεοῦ.

   ▶ τῷ λόγῳ τοῦ κυρίου, 주님의 말씀으로. 여기서 τῷ λόγῳ는 수단의 여격(Dative of Means)이다(말씀으로).

▶ ἀγόμεθα, ἄγω(인도하다)의 현재 수동태 직설법 1인칭 복수(인도함을 받는다, 인도된다).

[번역] 우리는 주님의 말씀으로 하나님의 교회 안으로 인도된다.

3. οὐκ ἀκούετε τῆς φωνῆς τοῦ προφήτου, ἀλλ' ἐξέρχεσθε ἐκ τοῦ οἴκου αὐτοῦ.

▶ οὐκ … ἀλλά … , … 하지 않고 … 한다(not … but …).
▶ τῆς φωνῆς가 속격으로 온 이유는 ἀκούω 동사가 목적어를 취할 때 대개 속격을 취하기 때문이다.
▶ ἀλλ'은 ἀλλά에서 모음 α가 떨어져 나간 형태이다. 이처럼 ἀλλά는 모음으로 시작하는 단어 앞에서 끝 모음이 탈락되고 대신에 '를 붙인다.
▶ ἐξέρχεσθε, ἐξέρχομαι(나가다)의 현재 중간태(디포) 직설법 2인칭 복수. ἔρχομαι 동사는 현재 시상에서 능동태형이 없고 중간태로서 '가다, 오다'를 나타낸다. 이런 유(類)의 동사를 디포넌트(deponent) 동사라고 한다.
▶ 문장 끝의 αὐτοῦ는 인칭 대명사(그의)로서 앞에 나온 τοῦ προφήτου를 받는다.

[번역] 너희는 선지자의 음성을 듣지 않고 그의 집에서 나간다.

제10과 현재 중간태·수동태 직설법. 수단의 여격. 디포넌트 동사. 합성 동사

4. τῷ λόγῳ αὐτοῦ τοῦ κυρίου γίνεσθε μαθηταὶ αὐτοῦ.

▶ τῷ λόγῳ는 수단의 여격(말씀으로).
▶ αὐτοῦ τοῦ κυρίου에서 αὐτοῦ는 명사 τοῦ κυρίου를 강조한다(주님 자신의).
▶ γίνεσθε는 γίνομαι(되다)의 현재 중간태(디포) 직설법 2인칭 복수(너희는 된다).
▶ μαθηταὶ αὐτοῦ는 γίνεσθε의 보어이다.
▶ μαθηταί는 남성 명사인데(μαθητής, ὁ) 여성처럼 변하였다. 7과에 나오는 προφήτης와 같이 변하나 악센트 위치만 다르다.
▶ 문장 끝에 나오는 αὐτοῦ는 인칭 대명사로서 앞에 나오는 τοῦ κυρίου를 받는다(그의).

[번역] 주님 자신의 말씀으로 너희는 그의 제자들이 된다.

5. ἐκεῖνοι οἱ ἀγαθοὶ διδάσκαλοι οὐκ εἰσέρχονται εἰς τοὺς οἴκους τῶν ἁμαρτωλῶν.

▶ ἐκεῖνοι는 지시 대명사로서 한정적으로 사용되었다(those).
▶ 형용사 ἀγαθοί는 관사 οἱ와 명사 διδάσκαλοι 사이에 위치하여 한정적으로 사용되었다.
▶ εἰσέρχονται, εἰσέρχομαι(안으로 들어가다)의 현재 중간태(디포) 직설법 3인칭 복수.

[번역] 저 선한 선생들은 그 죄인들의 집들 안으로 들어가지 않는다.

6. οὐ βαπτίζονται οἱ ἁμαρτωλοὶ ὑπὸ τῶν ἀποστόλων, ἀλλ' ἐξέρχονται ἐκ τούτων τῶν οἴκων πρὸς ἄλλους διδασκάλους.

- βαπτίζονται는 βαπτίζω(세례 주다)의 현재 수동태 직설법(3복).
- 전치사 ὑπό는 수동태 있어서의 행위자(agent)를 나타낸다(… 에 의해).
- οὐ … ἀλλα … , … 하지 않고 … 하다(not … but …).
- ἐξέρχονται의 원형은 ἐξέρχομαι(나가다).
- τούτων은 지시 대명사로서 τῶν οἴκων을 한정한다. 전치사 ἐκ 다음에 속격으로 왔다.
- 전치사 πρός 다음에는 대격이 온다.

[번역] 그 죄인들은 사도들에 의해 세례 받지 않고, 이 집들에서 나와서 다른 선생들에게로 간다.

7. λέγετε ἐκείνοις τοῖς ἁμαρτωλοῖς ὅτι σῴζεσθε ὑπὸ τοῦ θεοῦ ἀπὸ τῶν ἁμαρτιῶν ὑμῶν.

- ἐκείνοις τοῖς ἁμαρτωλοῖς, 저 죄인들에게.
- 여기서 ὅτι는 목적절(object clause)을 인도하는 접속사이다(영어

의 that).
- σῴζεσθε는 σῴζω(구원하다)의 현재 수동태 직설법(구원받는다). 메이첸의 책에는 ι subscript가 없이 그냥 σῴζεσθε로 되어 있으나, 현재형에서는 ι subscript가 오는 것이 옳다(cf. Liddell-Scott, Bauer).
- ὑπό, … 에 의해(by).
- ἀπό(에서부터)는 속격을 지배한다.

[번역] 너희는 저 죄인들에게, 너희가 하나님에 의해 너희 죄들로부터 구원 받는다는 것을 말한다.

8. ἄρχει αὐτὸς ὁ θεὸς τῆς βασιλείας αὐτοῦ.

- ἄρχω(통치하다, 다스리다)는 속격을 취한다. 따라서 τῆς βασιλείας는 ἄρχει의 목적어이다. ἄρχω 동사는 중간태(ἄρχομαι)가 되면 뜻이 '시작하다'로 바뀐다.
- 제일 마지막의 αὐτοῦ는 인칭 대명사로서 ὁ θεός를 받는다(그의).

[번역] 하나님 자신이(하나님이 친히) 그의 나라를 통치하신다.

제11과

미완료 능동태 직설법
$\epsilon i \mu i$의 미완료 직설법

A. 단어

αἴρω, 들어 올리다(take up), 치우다(take away).

ἀναβαίνω, 올라가다(go up). ἀνά는 '위로'(up)의 의미.

ἀποθνῄσκω, 죽다(die). ※ ῃ 밑에 '요타 하기'(ι subscript)가 있어야 옳다.

ἀποκτείνω, 죽이다(kill).

ἀποστέλλω, 파송하다(send out). ※ πέμπω는 일반적인 의미에서 보내는 것을 의미하고, ἀποστέλλω는 어떤 사명을 주어서 보내는 것을 의미한다.

ἄρτος, ὁ, 빵(bread).

βαίνω, 가다(go). ※ βαίνω 단독으로는 신약에서 사용되지 않는다. 앞에 ἀνά나 κατά 등의 전치사가 붙어서 사용된다.

ἐσθίω, 먹다(eat).

κατά, (전치사) 1) (+ 속격) 에 대항하여(against); 2) (+ 대격) 에 따라(according to). ※ κατά의 원래 의미는 '아래로'(down)이나, 그 외 여러 가지 의미로 사용된다.

καταβαίνω, 내려가다(go down).

μέν … δέ …, 한편으로는 …, 다른 한편으로는 … (on the one hand …
    on the other hand …). ※ 대비되는 문장에서 사용된다. μέν은 우
    리말로 번역되지 않을 때도 많다.
οὐκέτι, (부사) 더 이상 … 아니다(no longer).
παρά, (전치사) 1) (+ 속격) 로부터(from); 2) (+ 여격) 곁에(beside),
    앞에(in the presence of); 3) (+ 대격) 따라서(alongside), 외에
    (except).
παραλαμβάνω, 1) 받다(receive), 물려받다(take over); 2) 데리고 가다
    (take along).
σύν, (전치사) (+ 여격) 함께(with).
συνάγω, 모으다(gather together).
τότε, (부사) 그때에(then).

B. 익힘 문제

1. ἠκούομεν τῆς φωνῆς αὐτοῦ ἐν ἐκείναις ταῖς ἡμέραις,
νῦν δὲ οὐκέτι ἀκούομεν αὐτῆς.

▶ ἠκούομεν(ἐ-ακου-ομεν), ἀκούω(듣다)의 미완료 능동태 직설법
   1인칭 복수.
▶ 단어 처음에 오는 α가 미완료 접두 모음 ε과 결합하여 η로 길어
   졌다. 미완료 접두 모음이 붙은 것을 제외하고는 현재 시상의 줄기
   (ακου)를 그대로 간직하고 있는 것이 미완료 시상의 특징이다. 현

재 시상과 미완료 시상은 둘 다 진행 시상에 속하는 것으로 지속적인 동작, 반복적인 동작, 또는 습관적인 동작을 나타낸다. 따라서 ἠκούομεν은 "우리가 듣고 있었다"로 번역할 수도 있고, 또는 "듣곤 했었다"로 번역할 수도 있다.

- ▶ τῆς φωνῆς가 속격으로 온 것은 ἀκούω 동사가 속격을 지배하기 때문이다. αὐτοῦ는 인칭 대명사로서 '그의'라는 뜻이다.
- ▶ ἐν ἐκείναις ταῖς ἡμέραις를 직역하면 '저 날들에'라는 뜻이다(in those days). 그때에.
- ▶ δέ는 역접, 전환을 나타내는 접속사이다(그런데, 그러나).
- ▶ ἀκούομεν은 현재 능동태 직설법 1인칭 복수.
- ▶ αὐτῆς는 앞에 나온 τῆς φωνῆς를 받는다.

[번역] 우리는 저 날들에(그때에) 그의 음성을 듣고 있었다. 그러나 지금은 더 이상 그것을 듣지 않는다.

2. ὁ δὲ μαθητὴς τοῦ κυρίου ἔλεγε παραβολὴν τοῖς ἀδελφοῖς αὐτοῦ.

- ▶ ἔλεγε(ἐ-λεγ-ε), λέγω(말하다)의 미완료 능동태 직설법. 접두 모음 ἐ이 붙은 것에 주의하고, 그 외에는 현재 시상 줄기(λεγ)가 그대로 유지된 사실에 주목하라. 미완료 시상이므로 "그는 말하고 있었다." 또는 "그는 말하곤 했었다."로 번역된다.
- ▶ 제일 끝에 오는 αὐτοῦ는 인칭 대명사로서 앞에 나온 ὁ μαθητής를

제11과 미완료 능동태 직설법. εἰμί의 미완료 직설법

받는다.

[번역] 주님의 그 제자는 그의 형제들에게 비유를 말하고 있었다.

3. ἀπέκτεινον οἱ δοῦλοι τὰ τέκνα σὺν τοῖς μαθηταῖς.

▶ ἀπέκτεινον(ἀπ-ε-κτειν-ον), ἀποκτείνω(죽이다)의 미완료 능동태 직설법 3인칭 복수. ἀποκτείνω는 전치사 ἀπό와 κτείνω가 붙은 합성 동사로서 미완료가 될 때 ἀπό에서 ο이 떨어져 나가고 그 자리에 접두 모음 e이 붙었다. 그 외에는 현재 시상의 줄기를 그대로 유지하고 있다. 그리고 인칭 어미 ον이 붙었는데, 이것은 원칙적으로 1인칭 단수도 될 수 있고, 3인칭 복수도 될 수 있지만, 여기서는 3인칭 복수이다. 왜냐하면 복수인 οἱ δοῦλοι가 주어로 왔기 때문이다.

▶ σὺν τοῖς μαθηταῖς는 τὰ τέκνα에 연결되는 것으로 볼 수도 있고, ἀπέκτεινον에 연결되는 것으로 볼 수도 있다. 전자의 경우는 종들이 아이들과 제자들을 죽이고 있었다는 의미가 되고, 후자의 경우에는 그 종들이 제자들과 함께 아이들을 죽이고 있었다는 의미가 된다. 이 문장에서는 둘 다 가능하다.

[번역] 그 종들은 제자들과 함께 그 아이들을 죽이고 있었다.
　　　(그 종들은 그 아이들과 제자들을 죽이고 있었다.)

4. τότε μὲν κατέβαινον εἰς τὸν οἶκον, νῦν δὲ οὐκέτι καταβαίνω.

▶ μέν ⋯ δέ ⋯ , 한편으로는 ⋯ 하고, 다른 한편으로는 ⋯ 하다. 대비를 나타낸다. 여기서는 이전의 행동과 지금의 행동이 대비되고 있다.

▶ κατέβαινον(κατ-ε-βαιν-ον), καταβαίνω(내려가다)의 미완료. 1인칭 단수와 3인칭 복수 둘 다 가능하나 여기서는 뒤에 나오는 동사 καταβαίνω 때문에 1인칭 단수로 보아야 한다. κατέβαινον의 뜻은 '내려가고 있었다'(과거의 지속적인 동작) 또는 '내려가곤 했었다'(과거의 반복적, 습관적 동작)로 볼 수 있으나, 여기서는 뒤에 나오는 문장(이제는 더 이상 내려가지 않는다)과의 대비 때문에 '내려가곤 했었다'로 보는 것이 좋다.

[번역] 그때에 나는 (그) 집으로 내려가곤 했었다. 그러나 이제는 더 이상 내려가지 않는다.

5. παρελαμβάνετε τὸν ἄρτον παρὰ τῶν δούλων καὶ ἠσθίετε αὐτόν.

▶ παρελαμβάνετε(παρ-ε-λαμβάν-ετε), παραλαμβάνω(받다)의 미완료 능동태 직설법 2인칭 복수.
▶ παρά + 속격, ⋯ 로부터.

제11과 미완료 능동태 직설법. *εἰμί*의 미완료 직설법

- ▶ *ἠσθίετε*(*ἐ-ἐσθι-ετε*), *ἐσθίω*(먹다)의 미완료 능동태 직설법 2인칭 복수.
- ▶ *αὐτόν*은 앞에 나오는 *τὸν ἄρτον*을 받는다.

[번역] 너희는 종들로부터 그 떡을 받고 있었다. 그리고 그것을 먹고 있었다.

6. *διὰ τὴν ἀλήθειαν ἀπέθνῃσκον οἱ μαθηταὶ ἐν ταῖς ἡμέραις ἐκείναις.*

- ▶ *διά* + 대격, … 을 인하여, … 때문에.
- ▶ *ἀπέθνῃσκον*(*ἀπ-ε-θνῃσκ-ον*), *ἀπόθνῃσκω*(죽다)의 미완료 능동태 직설법 3인칭 복수. 원칙적으로 1인칭 단수도 가능하나 여기서는 주어가 *οἱ μαθηταί* 로 왔기 때문에 3인칭 복수로 봐야 한다.

[번역] 진리를 인하여 제자들이 그때에 죽고 있었다.

7. *συνῆγεν οὗτος ὁ ἀπόστολος εἰς τὴν ἐκκλησίαν τοὺς μαθητὰς τοῦ κυρίου ἡμῶν.*

- ▶ *συνῆγεν*(*συν-ε-άγ-εν*), *συνάγω*(모으다)의 미완료 능동태 직설법 3인칭 단수. 미완료는 과거의 어느 시점에 진행중인 동작 또는 반복적인 동작을 나타내며, 또는 과거의 어느 시점의 동작을 생생하게 표현할 때에도 사용된다.

[번역] 이 사도는 우리 주님의 제자들을 교회 안으로 모으고 있었다.

8. νῦν μὲν διδασκόμεθα ὑπὸ τῶν ἀποστόλων, τότε δὲ ἐδιδάσκομεν ἡμεῖς τὴν ἐκκλησίαν.

- μέν … δέ … , 앞 문장과 뒷 문장의 대비(contrast)를 나타낸다.
- διδασκόμεθα, διδάσκω(가르치다)의 현재 수동태 직설법(1인칭 복수).
- ὑπό(+ 속격)는 여기서 수동태에 있어서의 행위자를 나타낸다(에 의해, by).
- ἐδιδάσκομεν는 미완료 능동태 직설법 1인칭 복수(가르치고 있었다, 가르치곤 했었다).
- 인칭 대명사 ἡμεῖς가 사용된 것은 강조를 나타낸다. 그때에는 '우리가' 교회를 가르치고 있었다.

[번역] 이제는 우리가 사도들에 의해 가르침을 받고 있다. 그러나 전에는 우리가 교회를 가르치고 있었다/가르치곤 했었다.

9. ὁ κύριος ἡμῶν ἦρε τὰς ἁμαρτίας ἡμῶν.

- ἦρε(ἐ-αιρ-ε), αἴρω(치우다, take away)의 미완료 능동태 3인칭 단수. 동사 원형 αἴρω에서 α가 접두 모음 ε과 결합하여 η로 바뀌고, ι는 η 밑으로 들어갔다(요타 하기). 그리고 ἦρε에서 끝 음절의 모음

이 짧고 그 앞의 모음은 길므로 써컴플렉스 악센트가 왔다.

[번역] 우리 주님은 우리 죄들을 치우고(없이 하고) 있었다.

10. τότε μὲν ἀνέβαινον εἰς τὸ ἱερόν, νῦν δὲ οὐκέτι ἀναβαίνουσιν.

▶ ἀνέβαινον(ἀν-ε-βαιν-ον), ἀναβαίνω(올라가다)의 미완료 능동태 직설법. 1인칭 단수와 3인칭 복수 둘 다 가능하나 여기서는 뒤에 나오는 주어가 복수이므로 3인칭 복수로 보아야 한다.

[번역] 그때에 그들은 성전으로 올라가곤 했었다. 그러나 이제는 더 이상 올라가지 않는다.

제12과

미완료 중간태 · 수동태 직설법
καί와 οὐδέ의 용법

A. 단어

ἀπέρχομαι, (디포) 떠나가다(go away, depart).
βιβλίον, τό, 책(book).
δαιμόνιον, τό, 귀신(demon).
δέχομαι, (디포) 받아들이다(receive), 영접하다(accept).
ἐκπορεύομαι, (디포) 나가다(go out).
ἔργον, τό, 일, 행위(work).
ἔτι, (부사) 아직(yet).
θάλασσα, ἡ, 호수(lake), 바다(sea).
καί, (접속사) 그리고(and), 또한(also), 까지도(even). καί … καί … , … 도 … , … 도 … (both … and …).
κατέρχομαι, (디포) 내려가다(go down).
οὐδέ, (접속사) 그리고 아니(and not), 도 아니(nor), 조차도 아니(not even). οὐδέ … οὐδέ … , … 도 아니고 … 도 아니다(neither … nor …).
οὔπω, (부사) 아직 아니(not yet).

περί, (전치사) 1) (+속격) 에 대하여(about); 2) (+대격) 주위에 (around).

πλοῖον, τό, 배(ship).

συνέρχομαι, (디포) 함께 오다/가다(come/go together).

ὑπέρ, (전치사) 1) (+ 속격) 위하여(for, in behalf of); 2) (+ 대격) 위에 (above).

B. 익힘 문제

1. *ἐγράφοντο οὗτοι οἱ λόγοι ἐν βιβλίῳ.*

▶ *ἐγράφοντο(ἐ-γράφ-οντο), γράφω*(쓰다, 기록하다)의 미완료 수동태 직설법 3인칭 복수.

[분해 방법]
1) 이 단어를 볼 때 먼저 *ἐλύοντο*를 떠올린다.
2) *ἐλύοντο*는 자기가 암기한 변화표 가운데 *ἐλυόμην*으로 시작되는 변화표에 나온다는 것을 생각해 낸다.
3) *ἐλυόμην*은 미완료 중간태/수동태 직설법임을 발견한다(미완료 변화표를 확실히 암기하고 있어야 한다).
※ *ἐγράφοντο*는 원칙적으로 중간태도 될 수 있고 수동태도 될 수 있으나 여기서는 내용상 수동태이다. 일반적으로 중간태로 와야 할 특별한 이유가 없을 때에는 수동태로 보는 것이 대개 옳다.

4) ἐλύοντο는 미완료 중간태/수동태 변화표에서 오른쪽 제일 아래에 위치하고 있음을 알아낸다(ἐλυόμην으로 시작하는 변화를 외워 봄으로써 알 수 있다). 따라서 오른쪽 제일 끝에 오는 것은 3인칭 복수이다.

※ 동사 변화를 외울 때 단수는 왼쪽에, 복수는 오른쪽에 두고서 외우는 것이 좋다.

▶ οὗτοι οἱ λόγοι, 이 말씀들.

[번역] 이 말씀들이 책에 기록되고 있었다.

2. ἐδιδασκόμην ὑπ' αὐτοῦ ἐκ τῶν βιβλίων τῶν προφητῶν.

▶ ἐδιδασκόμην(ἐ-διδασκ-ομην), διδάσκω(가르치다)의 미완료 수동태 직설법 1인칭 단수. ※ ἐλυόμην을 생각하라.

▶ ὑπ'는 ὑπό의 줄임말. 뒤에 오는 단어가 모음으로 시작하기 때문에 ο이 탈락되었다.

▶ ἐκ, … 에서부터(out of). 여기서는 가르침을 받음에 있어서 가르침의 재료, 도구를 나타낸다.

▶ προφητῶν은 προφήτης(선지자)의 복수 속격(마치 여성 명사인 것처럼 변함). 복수 속격에서 악센트가 제일 끝 음절로 이동한 것에 주의하라.

[번역] 나는 그에 의해 선지자들의 책들에서 가르침을 받고 있었다.

3. ἐν ἐκείναις ταῖς ἡμέραις καὶ ἐδιδασκόμεθα ὑπ᾽ αὐτοῦ καὶ ἐδιδάσκομεν τοὺς ἄλλους, ἀλλὰ νῦν οὐδὲ διδασκόμεθα οὐδὲ διδάσκομεν.

- ▶ ἐν ἐκείναις ταῖς ἡμέραις, 저 날들에, 그때에.
- ▶ καί … καί … , … 하기도 하고 … 하기도 하다(both … and …).
- ▶ ἐδιδασκόμεθα(ἐ-διδασκ-ομεθα), 미완료 수동태 직설법1인칭 복수.
- ▶ ἐδιδάσκομεν(ἐ-διδασκ-ομεν)은 미완료 능동태 직설법1인칭 복수.
- ▶ τοὺς ἄλλους, 다른 사람들을.
- ▶ οὐδέ … οὐδέ … , … 하지도 않고 … 하지도 않는다(neither … nor …)
- ▶ ἄλλος, ἄλλη, ἄλλο, 다른(other).

[번역] 그때에 우리는 그에 의해 가르침을 받고 있기도 하였으며, 또한 다른 사람들을 가르치고 있기도 하였다. 그러나 이제는 우리가 더 이상 가르침을 받지도 아니하고 가르치지도 아니한다.

4. ἀπήρχοντο οἱ ἁμαρτωλοὶ πρὸς τὴν θάλασσαν.

- ▶ ἀπήρχοντο(ἀπ-ε-ερχ-οντο), ἀπέρχομαι(떠나가다)의 미완료 중간태(디포) 직설법 3인칭 복수. ἀπέρχομαι와 같은 합성 동사(ἀπό + ἔρχομαι)는 미완료를 만들 때 전치사와 줄기(어간) 사이에 접두 모음이 붙는다. 줄기가 ε으로 시작할 경우에 접두 모음은 ε이 길어져

서 η가 된다.
- ▶ πρός + 대격, … 에게로(to). 방향을 나타낸다.
- ▶ θάλασσα는 호수도 되고 바다도 된다.

[번역] (그) 죄인들이 그 호수(바다)로 떠나가고 있었다.

5. ἐξεπορεύετο πρὸς αὐτὸν ἡ ἐκκλησία, ἀλλὰ νῦν οὐκέτι ἐκπορεύεται.

- ▶ ἐξεπορεύετο(ἐξ-ε-πορευ-ετο), ἐκπορεύομαι(나가다)의 미완료 중간태(디포) 직설법 3인칭 단수(cf. ἐλύετο). 합성 동사에 붙은 전치사 ἐκ는 미완료가 될 때 모음 앞에서 ἐξ로 변한다.
    예) ἐκβάλλω(현재) → ἐξέβαλλον(미완료)
- ▶ ἐκπορεύεται, 현재 중간태 직설법 3인칭 단수.

[번역] 그 교회는 그에게로 나가고 있었다. 그러나 이제는 더 이상 나가지 않는다.

6. οὔπω βλέπομεν τὸν κύριον ἐν τῇ δόξῃ αὐτοῦ, ἐδιδασκόμεθα ὑπ' αὐτοῦ καὶ ἐν ταῖς ἡμέραις ταῖς κακαῖς.

- ▶ οὔπω, 아직 아니(not yet).
- ▶ ἐν τῇ δόξῃ αὐτοῦ, 그의 영광중에(가운데).
- ▶ ἐδιδασκόμεθα, 익힘 문제 3번을 보라.

- ▶ καί는 여기서 '또한'(also), '⋯ 도'(too)의 뜻으로 사용되었다.
- ▶ ἐν ταῖς ἡμέραις ταῖς κακαῖς, 그 악한 날들에.

[번역] 우리는 주님을 아직 그의 영광 가운데 보고 있지 않다. 그러나 우리는 그 악한 날들에도 그에 의해 가르침을 받고 있었다.

7. ἐλέγετο ἐν τῷ ἱερῷ καλὸς λόγος περὶ τούτου τοῦ ἀποστόλου.

- ▶ ἐλέγετο(ἐ-λεγ-ετο), λέγω(말하다)의 미완료 수동태 직설법 3인칭 단수.
- ▶ 이 문장에서 주어는 καλὸς λόγος이다.

[번역] 성전 안에서 이 사도에 대해 선한 말이 말해지고 있었다.

8. περὶ αὐτὸν ἐβλέπετο ἡ δόξα αὐτοῦ.

- ▶ περί + 대격, 주위에, 둘레에(around).
- ▶ ἐβλέπετο, βλέπω의 미완료 수동태 직설법(보이고 있었다).

[번역] 그의 주위(둘레)에 그의 영광이 보이고 있었다.

9. ἐφέρετο τὰ δῶρα καὶ πρὸς τοὺς πονηρούς.

- ▶ ἐφέρετο, φέρω(가지고 가다, 운반하다, 참다)의 미완료 수동태 직설법.
- ▶ τὰ δῶρα, τὸ δῶρον의 복수.
- ▶ καί 는 여기서 '… 도'의 의미.
- ▶ τοὺς πονηρούς는 '악한 자들'. 형용사 πονηρούς는 여기서 명사적 (독립적)으로 사용되었다.

[번역] (그) 선물들이 악한 자들에게도 운반되고 있었다.

10. ἐδέχου τὰ βιβλία ἀπὸ τῶν προφητῶν.

- ▶ τὰ βιβλία, τὸ βιβλίον의 복수. 여기서는 대격으로서 목적어로 사용되었다.
- ▶ ἐδέχου, δέχομαι(받다, 영접하다)의 미완료 중간태(디포) 직설법 2인칭 단수(너는 받고 있었다).
- ※ λύω 동사의 미완료 중간태/수동태 직설법 변화에서 ἐλύου가 어디에 오는지 확인하도록 하자.

    ἐλυόμην   ἐλυόμεθα
    ἐλύου   ἐλύεσθε
    ἐλύετο   ἐλύοντο

[번역] 너는 (그) 선지자들로부터 책들을 받고 있었다.

제12과 미완료 중간태 · 수동태 직설법, καί와 οὐδέ의 용법

제13과

미래 능동태 · 중간태 직설법

A. 단어

ἀναβλέπω, 1) (위로) 쳐다보다(look up); 2) 다시 보다, 눈을 뜨다 (regain sight). 미래는 ἀναβλέψω.

βήσομαι, βαίνω(가다)의 미래. ※ 단독으로는 사용되지 않는다.

γενήσομαι, γίνομαι(되다)의 미래.

γνώσομαι, γινώσκω(알다)의 미래. ※ 현재에서는 능동태이나 미래에서는 중간태가 되었다. 그러나 뜻은 능동이다(디포).

διδάξω, διδάσκω(가르치다)의 미래.

διώκω, 뒤쫓다, 핍박하다. 미래는 διώξω.

δοξάζω, 영화롭게 하다, 영광을 돌리다. 미래는 δοξάσω.

ἐλεύσομαι, ἔρχομαι(오다, 가다)의 미래. ※ 현재와 미래에서 중간태이다.

ἕξω, ἔχω(가지고 있다)의 미래. ※ 거친 숨표에 주의.

κηρύσσω, 선포하다(proclaim), 전파하다(preach). 미래는 κηρύξω.

λήμψομαι, λαμβάνω(취하다, 받다)의 미래. ※ 미래에서 중간태가 된다 (디포).

προσεύχομαι, (디포) 기도하다(pray). 미래는 προσεύξομαι.

τυφλός, ὁ, 소경(a blind man). ※ τυφλός, ή, όν은 원래 형용사로서 '눈

먼'(blind)의 뜻. 이것이 명사화되어 '소경'의 뜻으로 많이 사용된다(대개 관사와 함께).

B. 익힘 문제

1. ἄξει ὁ κύριος τοὺς μαθητὰς αὐτοῦ εἰς τὴν βασιλείαν.

▶ ἄξει, ἄγω(인도하다)의 미래 능동태 직설법(3단). ἄγω의 줄기가 γ로 끝나므로 미래 접미사 σ와 결합하여 ξ가 되었다.

[번역] 주님은 그의 제자들을 그 나라(왕국) 안으로 인도할 것이다.

2. γνωσόμεθα καὶ τοὺς ἀγαθοὺς καὶ τοὺς πονηρούς.

▶ γνωσόμεθα, γινώσκω(알다)의 미래 중간태 직설법(1인칭 복수). 이처럼 현재에서는 능동태이나 미래에서는 중간태로 변하는 동사도 있다. 그러나 뜻은 여전히 능동이다. 따라서 이런 경우에 동사는 미래형(1인칭 단수)을 따로 암기하여야 한다.

   [기본형] γινώσκω - γνώσομαι

▶ καί … καί … , … 도 … 도(both … and …).

▶ τοὺς ἀγαθούς와 τοὺς πονηρούς에서 형용사 ἀγαθούς와 πονηρούς는 명사적(독립적) 용법으로 사용되었다(선한 자들, 악한 자들).

제13과 미래 능동태 · 중간태 직설법

[번역] 우리는 선한 자들도 알 것이고 악한 자들도 알 것이다.

3. λήμψεσθε τὰ πλοῖα ἐκ τῆς θαλάσσης.

▶ λήμψεσθε, λαμβάνω(취하다, 받다)의 미래 중간태(디포) 2인칭 복수.
미래에서 중간태로 변하였으나 뜻은 여전히 능동이다.
  [기본형] λαμβάνω - λήμψομαι
▶ πλοῖα, πλοῖον(τό, 배)의 복수.

[번역] 너희는 호수(바다)에서 배들을 취할 것이다.

4. λύσεις τοὺς δούλους.

▶ λύσεις(λυ-σ-εις), 미래 능동태 직설법. 여기서 λύω는 '풀어 주다, 해방하다'의 의미.

[번역] 너는 종들을 풀어 줄 것이다.

5. ἕξουσιν οἱ πονηροὶ οὐδὲ χαράν οὐδὲ εἰρήνην.

▶ ἕξουσιν, ἔχω(가지고 있다)의 미래 능동태 직설법(3복). 미래형에서 숨표가 거친 숨표로 변한 것에 주의하라.

[기본형] ἔχω - ἕξω

▶ 여기서 πονηροί는 명사적으로 사용되었다(악한 자들).

▶ οὐδέ ⋯ οὐδέ ⋯ , ⋯ 도 아니고 ⋯ 도 아니다(neither ⋯ nor ⋯).

[번역] 악한 자들은 기쁨도(가지고 있지 않을 것이고) 평강도 가지고 있지 않을 것이다.

6. ἐν ἐκείνῃ τῇ ὥρᾳ ἐλεύσεται ὁ υἱὸς τοῦ ἀνθρώπου σὺν τοῖς ἀγγέλοις αὐτοῦ.

▶ ἐν ἐκείνῃ τῇ ὥρᾳ는 직역하면 '저 시간에'(at that time).

▶ ἐλεύσεται, ἔρχομαι의 미래 중간태 직설법(3인칭 단수). ἔρχομαι는 현재형과 미래형에서 모두 디포넌트 동사이다. 즉, 능동태가 없고 중간태형을 가진다.

[기본형] ἔρχομαι - ἐλεύσομαι

▶ ὁ υἱὸς τοῦ ἀνθρώπου, 사람의 아들(人子). 이것은 예수님께서 자기 자신을 가리킬 때 즐겨 사용하신 표현이다.

[번역] 그때에 인자(人子)가 그의 천사들과 함께 올 것이다.

7. ἁμαρτωλοί ἐστέ, γενήσεσθε δὲ μαθηταὶ τοῦ κυρίου.

▶ 여기서 ἁμαρτωλοί는 보어. 주어는 ἐστέ에 숨어 있는 2인칭 복수

제13과 미래 능동태 · 중간태 직설법

'너희'이다. ἁμαρτωλός는 원래 형용사인데(sinful), 명사로 많이 사용된다(sinner). 여기서는 둘 다 가능하지만 명사로 보는 것이 좋을 듯하다(이어서 나오는 문장에서 μαθηταί가 명사로서 보어로 사용되었기 때문).
- ▶ ἐστέ, εἰμί 동사의 현재 직설법 2인칭 복수. εἰμί 동사는 상태 동사로서 태가 없다(굳이 따지자면 중간태라고 볼 수도 있지만, εἰμί 동사는 태를 따지지 않는다).
- ▶ γενήσεσθε, γίνομαι(되다)의 미래 중간태 직설법(2복).

    [기본형] γίνομαι - γενήσομαι
- ▶ μαθηταὶ τοῦ κυρίου는 여기서 보어로 사용되었다. 주어는 γενήσεσθε에 들어 있는 '너희'이다.

[번역] 너희는 (지금) 죄인들이다. 그러나 주님의 제자들이 될 것이다.

8. διώκουσιν οἱ πονηροὶ τοὺς προφήτας, ἀλλ᾿ ἐν ταῖς ἡμέραις τοῦ υἱοῦ τοῦ ἀνθρώπου οὐκέτι διώξουσιν αὐτούς.

- ▶ διώκουσιν, διώκω(핍박하다)의 현재 능동태 직설법(3복).
- ▶ διώξουσιν, διώκω의 미래 능동태 직설법(3복). 줄기의 κ가 미래 시상접미사 σ와 결합하여 ξ가 되었다.
- ▶ αὐτούς는 앞에 나온 τοὺς προφήτας를 받는다.
- ▶ ἐν ταῖς ἡμέραις τοῦ υἱοῦ τοῦ ἀνθρώπου, 인자의 날들에.

▶ *οὐκέτι*, 더 이상 … 않다(no longer).

[번역] (그) 악한 자들이 (그) 선지자들을 핍박하고 있다. 그러나 인자(人子)의 날들에는 더 이상 그들을 핍박하지 않을 것이다.

9. *προσεύξῃ τῷ θεῷ σου καὶ δοξάσεις αὐτόν.*

▶ *προσεύξῃ*, *προσεύχομαι*(기도하다)의 미래 중간태 직설법(2단). 이 동사는 능동태는 사용되지 않고 중간태형이 사용된다(디포넌트). 중간태의 2인칭 단수가 *ῃ*로 끝나는 것에 주의하라. 원줄기의 끝 자음 *χ*가 미래 시상 접미어 *σ*와 결합하여 *ξ*가 되었다.

▶ *δοξάσεις*(δοξαζ-σ-εις), *δοξάζω*(영화롭게 하다)의 미래 능동태 직설법(2단). 줄기의 *ζ*가 *σ* 앞에서 탈락되었다.

▶ *αὐτόν*은 앞에 나온 *τῷ θεῷ*를 받는다.

[번역] 너는 네 하나님께 기도할 것이다. 그리고 그를 영화롭게 할 것이다.

10. *τότε γνώσεσθε ὅτι αὐτός ἐστιν ὁ κύριος.*

▶ *γνώσεσθε*, *γινώσκω*(알다)의 미래 중간태 직설법(2복).
　[기본형] *γινώσκω* - *γνώσομαι*
　※ *γινώσκω*의 뜻은 경험이나 배워서 아는 것을 뜻한다. 그래서 정확하게 번역하면 '알게 되다'(come to know, become to know)로 할 수 있다.

▶ 여기서 ὅτι는 목적절을 인도한다(that).
▶ 여기서 αὐτός는 3인칭 단수 인칭 대명사로서 누가 주님인가를 말하기 위해 특별히 사용되었다(강조). 보통의 경우 3인칭 인칭 대명사 주격형은 사용되지 않는다.

[번역] 그때에 너희는 그가 주님인 것을 알게 될 것이다.

제14과

제1 아오리스트 능동태 · 중간태 직설법

A. 단어

ἀπολύω, ἀπολύσω, ἀπέλυσα, 풀어 주다(set free, release), 해산하다 (dismiss). ※ 여기서 두 번째는 미래, 세 번째는 아오리스트이다.

ἐκήρυξα, κηρύσσω(선포하다)의 아오리스트.

ἐπιστρέφω, ἐπιστρέψω, ἐπέστρεψα, 돌아가다(turn).

ἑτοιμάζω, ἑτοιμάσω, ἡτοίμασα, 준비하다(prepare).

ἤδη, (부사) 이미(already).

θαυμάζω, θαυμάσω, ἐθαύμασα, 놀라워하다(wonder).

θεραπεύω, θεραπεύσω, ἐθεράπευσα, 치료하다(heal).

πείθω, πείσω, ἔπεισα, 설득하다(persuade).

πιστεύω, πιστεύσω, ἐπίστευσα, 믿다(believe).

ὑποστρέφω, ὑποστρέψω, ὑπέστρεψα, 돌아서다, 돌아가다/돌아오다 (return).

제14과 제1 아오리스트 능동태 · 중간태 직설법

B. 익힘 문제

1. ἀπέλυσεν ὁ κύριος τὸν δοῦλον αὐτοῦ, ὁ δὲ δοῦλος οὐκ ἀπέλυσε τὸν ἄλλον.

▶ ἀπέλυσεν(ἀπ-ε-λυ-σε-ν), ἀπολύω(풀어 주다, 해방하다)의 아오리스트 능동태 직설법(3단).
▶ ἀπολύω는 합성 동사이므로 아오리스트에서 접두 모음(ε)이 붙을 때 전치사 ἀπό 다음에 붙는다. 이때 ἀπό처럼 모음으로 끝나는 전치사는 마지막 모음이 탈락한다.
▶ 아오리스트에 있어서 규칙적으로 변화하는 동사는 아오리스트에 특징적인 접미사 σα가 온다(3인칭 단수에서는 σα).
▶ 아오리스트는 원래 시간(시제)과는 관계없이 동작의 모습(Aktionsart)을 나타낸다. 다만 직설법에서는 아오리스트가 과거의 시간 개념을 가지고 있다(이때 과거 시간을 나타내는 것은 접두 모음 ε이다). 그러나 직설법 외(가정법, 명령법, 부정사, 분사 등)에서는 시간 개념이 없다. 아오리스트 시상은 지속적 동작이 아니라 단회적인 점(點) 동작(punctiliar action)을 나타낸다. 곧 단회적 동작, 단호한 동작 또는 단순히 어떤 사실만을 나타내는 동작 등을 나타내는 데 사용된다. 여기서는 종을 풀어 준 동작이 지속적인 동작이 아니라 과거의 어느 시점에 일어난 점 동작(단회적 동작)임을 말해 준다.
▶ τὸν ἄλλον 다음에 δοῦλον이 생략되었다.

[번역] 주인은 그의 종을 풀어 주었다. 그러나 그 종은 다른 종을 풀어 주지 않았다.

2. ἤδη ἐπέστρεψαν οὗτοι πρὸς τὸν κύριον, ἐκεῖνοι δὲ ἐπιστρέψουσιν ἐν ταῖς ἡμέραις ταῖς κακαῖς.

- ▶ ἤδη, 이미(already).
- ▶ οὗτοι와 ἐκεῖνοι는 명사적(독립적)으로 사용되었다(이 사람들, 저 사람들).
- ▶ ἐπέστρεψαν(ἐπ-ε-στρεφ-σα-ν), ἐπιστρέφω(돌아가다)의 아오리스트(능 직 3복). 접두 모음 ε이 붙을 때 앞에 있는 전치사 ἐπί의 ι가 탈락하였다. 줄기 끝에 오는 자음 φ는 σ와 결합하여 ψ가 되었다. 이 단어를 소리 내어 읽어 보면 끝 음절에 σα가 오는 것을 알 수 있다. 따라서 헬라어는 소리 내어 읽는 것이 중요하다. 악센트도 살려서 정확하게 발음하도록 하자.
- ▶ ἐπιστρέψουσιν은 미래 능동태 직설법(3복).

[번역] 이 사람들은 이미 주님에게로 돌아왔다. 그러나 저 사람들은 악한 날들에 돌아올 것이다.

3. ἐπιστεύσαμεν εἰς τὸν κύριον καὶ σώσει ἡμᾶς.

- ▶ ἐπιστεύσαμεν(ε-πιστευ-σα-μεν), πιστεύω(믿다)의 아오리스트 능동태 직설법(1복). 여기서 제일 앞에 오는 ε은 접두 모음이다. 줄

기 *πιστευ* 다음에 아오리스트에 특징적인 시상 접미사 *σα*가 있어서 아오리스트임을 알게 해 준다.

- *πιστεύω εἰς* + 대격, ⋯ 를(주님으로) 믿는다, 신앙한다(believe in).
- *σώσει(σωζ-σ-ει)*, *σῴζω*(구원하다)의 미래 (능 직 3단). 미래 접미사 *σ* 앞에서 *ζ*가 탈락하였다. 현재형은 *σῳζω*가 옳다(*ι* subscript가 있어야 함). 그러나 미래와 아오리스트에서는 *ι*가 탈락한다(정확한 형태는 Bauer 사전 및 Liddell-Scott 사전 참조할 것).
- 아오리스트 시상 접미사 *σα(σε)*와 미래 시상 접미사 *σ*가 비슷하므로 혼동되기 쉬우나 아오리스트 직설법에서는 접두 모음 *ε*이 붙는다는 점에서 구별이 된다.

[번역] 우리는 주님을 믿었다. 그리고(그래서) 그는 우리를 구원할 것이다.

4. *καὶ ἐπίστευσας εἰς αὐτὸν καὶ πιστεύσεις.*

- *ἐπίστευσας(ε-πιστευ-σα-ς)*, *πιστεύω*의 아오리스트 능동태 직설법(2단).
- *πιστεύσεις(πιστευ-σ-εις)*, *πιστεύω*의 미래 능동태 직설법(2단).
- *καί* ⋯ *καί* ⋯ , ⋯ 하기도 하고 ⋯ 하기도 하다(both ⋯ and ⋯).

[번역] 너는 그를 믿었고 또 믿을 것이다.

5. ὑπέστρεψας πρὸς τὸν κύριον καὶ ἐδέξατό σε εἰς τὴν ἐκκλησίαν αὐτοῦ.

▶ ὑπέστρεψας(ὑπ-ε-στρεφ-σα-ς), ὑποστρέφω(돌아가다, 돌아오다)의 아오리스트 능동태 직설법(2단). ὑπό의 ο가 접두 모음 ε 앞에서 탈락하였다.

▶ ἐδέξατο(ε-δεχ-σα-το), δέχομαι(영접하다)의 아오리스트 중간태(디포) 직설법(3단). 줄기 끝의 χ가 σ 앞에서 ξ로 변하였다. 소리내어 읽어 보면 σα 발음이 들어 있음을 알 수 있다. 따라서 아오리스트이다.

※ ἐδέξατό σε에서 ἐδέξατο의 마지막 음절 το에 어큐트 악센트가 온 것은 σε가 엔클리틱(enclitic)이기 때문이다. 곧 σε가 앞 단어와 밀접히 연결되어서 마치 한 단어인 것처럼 발음되기 때문에 앞 단어의 끝 음절에 어큐트 악센트가 한 번 더 온 것이다. 물론 이 경우에 앞 음절인 ξα에 악센트가 없어야 한다(다른 단어의 경우 혹 있더라도 써컴플렉스이어야 한다).

[번역] 너는 주님에게로 돌아왔다. 그리고 그는 너를 그의 교회 안으로 영접하였다.

6. ἐν ἐκείναις ταῖς ἡμέραις ἐπορεύεσθε ἐν ταῖς ὁδοῖς ταῖς κακαῖς.

▶ ἐν ἐκείναις ταῖς ἡμέραις, 저 날들에, 그때에.

▶ ἐπορεύεσθε(ε-πορευ-εσθε), πορεύομαι(가다)의 미완료 중간태(디

포) 직설법(2복). 미완료는 접두 모음 e이 붙었다는 점에 있어서는 아오리스트와 같으나, 아오리스트에 특징적인 시상 접미사 *σα*가 없다. 미완료는 현재 시상의 줄기를 그대로 가지고 있다. 사실 현재와 미완료는 함께 '진행 시상'(progressivus)에 속한다. 현재 시상은 현재 시점에서의 지속적인 동작, 반복적인 동작, 습관적인 동작 또는 시간과 관계없는 원리적인 동작을 나타내고, 미완료 시상은 과거의 어느 시점에서의 지속적인 동작, 반복적인 동작 또는 습관적인 동작을 나타낸다.

▶ *ὁδοῖς, ὁδός*(*ἡ*, 길)의 복수 여격. 명사 *ὁδός*는 여성형이지만 남성처럼 변한다.

▶ *ταῖς κακαῖς*, 여기서 *κακαῖς*는 관사와 함께 한정적 용법으로 사용되었다(악한).

[번역] 그때에 너희는 악한 길들로 가고 있었다.

7. *ἐπεστρέψατε πρὸς τὸν κύριον καὶ ἐθεράπευσεν ὑμᾶς.*

▶ *ἐπεστρέψατε*(επ-ε-στρεφ-σα-τε), *ἐπιστρέφω*(돌아가다)의 아오리스트 능동태 직설법(2복). 제일 앞에 나오는 *ε*은 전치사 *ἐπί*의 *ε*이다. 두 번째 나오는 *ε*은 접두 모음 *ε*이다. 접두 모음 *ε*은 과거에 일어난 동작임을 나타내기 위해 붙은 것이다.

▶ *ψα*에 들어 있는 *σα*는 아오리스트를 나타내는 시상 접미사이다. 따라서 이 동사의 시상은 아오리스트임을 알 수 있다.

▶ ἐθεράπευσεν(ἐ-θεραπευ-σεν), θεραπεύω(고치다, 치료하다)의 아오리스트 능동태 직설법. 접두 모음 ἐ이 제일 앞에 붙었다.

[번역] 너희는 주님에게로 돌아갔다. 그리고 그는 너희를 치료하였다(고쳤다).

8. ἐκεῖνοι πονηροί, ἀλλ᾽ ἡμεῖς ἐπείσαμεν αὐτούς.

▶ 여기서 ἡμεῖς는 앞에 나온 ἐκεῖνοι와 대비되기 때문에 사용되었다.
▶ ἐπείσαμεν(ἐ-πειθ-σα-μεν), πείθω(설득하다)의 아오리스트 능동태 직설법(1복). σ 앞에서 θ가 탈락하였다.
▶ αὐτούς는 인칭 대명사로서 앞에 나온 ἐκεῖνοι를 받는다.

[번역] 그들은 악하다. 그러나 우리는 그들을 설득하였다.

9. ἡτοίμασα ὑμῖν τόπον ἐν τῷ οὐρανῷ.

▶ ἡτοίμασα(ἐ-ἑτοιμαζ-σα), ἑτοιμάζω(준비하다, 예비하다)의 아오리스트 능동태 직설법. 접두 모음 ἐ이 붙어서 ἐ가 ἡ로 길어졌다. 그리고 줄기 끝의 ζ는 σ 앞에서 탈락하였다.
▶ 여기서 ὑμῖν은 '이익의 여격'(dative of advantage)로서 '너희를 위하여'의 뜻이다.

[번역] 나는 너희를 위하여 하늘에 장소(처소)를 예비하였다.

제14과 제1 아오리스트 능동태 · 중간태 직설법

10. ἐδεξάμην σε εἰς τὸν οἶκόν μου, ἀλλ᾿ οὗτοι οἱ πονηροὶ οὐκ ἐδέξαντο.

▶ ἐδεξάμην(ἐ-δεχ-σα-μην), δέχομαι(영접하다)의 아오리스트 중간태 직설법 1인칭 단수(cf. ἐλυσάμην).
▶ ἐδέξαντο, 아오리스트 중간태 직설법 3인칭 복수(cf. ἐλύσαντο).
▶ ἀλλ᾿은 ἀλλά가 모음 앞에서 끝 음절의 α가 탈락한 형태이다.
▶ οὗτοι οἱ πονηροί에서 οὗτοι는 οἱ πονηροί를 한정한다. 그리고 πονηροί는 여기서 명사적(독립적)으로 사용되었다(이 악한 자들).
※ τὸν οἶκόν μου에서 οἶκον의 끝 음절에 어큐트 악센트가 또 온 것은 μου가 엔클리틱(enclitic)이기 때문이다. 곧 οἶκον에 붙어서 마치 한 단어인 것처럼 발음된다. 그 앞 음절에 써컴플렉스가 붙어 있는데, 이것은 κον 음절에 어큐트 악센트가 오는 것에 아무런 장애가 되지 않는다. 그러나 만일 그 앞에 어큐트 악센트가 붙어 있었다면 κον에는 아무런 악센트도 올 수 없다. 이 문장의 초두에 나오는 ἐδεξάμην σε를 참조하라. 거기에는 μην에 악센트가 붙지 않았다.

[번역] 나는 너를 내 집 안으로 영접하였다. 그러나 이 악한 자들은 영접하지 않았다.

제15과

제2 아오리스트 능동태 · 중간태 직설법

A. 단어

γάρ, (접속사. 후치사) 이는 … 함이다(for). ※ γάρ는 이유를 나타낸다.

ἔβαλον, βάλλω(던지다)의 아오리스트.

   [기본형] βάλλω - βαλω - ἔβαλον

ἐγενόμην, γίνομαι(되다)의 아오리스트.

   [기본형] γίνομαι - γενήσομαι - ἐγενόμην

εἶδον, ὁράω(보다)의 아오리스트. ※ 물론 βλέπω의 아오리스트로 볼 수도 있다. 그러나 어원적으로 따져 보면 ὁράω가 더 옳다. 의미상으로 보더라도 ὁράω는 일반적인 의미에서의 '보다'(see)를 뜻하는 반면, βλέπω는 정확하게 말하면 '주목하여 보다(look at, observe)'를 뜻한다. 뿐만 아니라 βλέπω의 아오리스트는 ἔβλεψα로 따로 있다.

   [기본형] ὁράω - ὄψομαι - εἶδον

εἶπον, λέγω(말하다)의 아오리스트.

   [기본형] λέγω - ἐρῶ - εἶπον

ἔλαβον, λαμβάνω(취하다, 받다)의 아오리스트.

   [기본형] λαμβάνω - λήμψομαι - ἔλαβον

ἤγαγον, ἄγω(인도하다)의 아오리스트.

제15과 제2 아오리스트 능동태 · 중간태 직설법

[기본형] *ἄγω* - *ἄξω* - *ἤγαγον*

ἦλθον, *ἔρχομαι*(오다)의 아오리스트.

[기본형] *ἔρχομαι* - *ἐλεύσομαι* - *ἦλθον*

ἤνεγκα, *φέρω*(데리고 가다, 참다)의 아오리스트.

[기본형] *φέρω* - *οἴσω* - *ἤνεγκα*

λείπω, 내버려 두다, 남겨 두다(leave behind), 부족하다(lack). 아오리스트는 *ἔλιπον*.

[기본형] *λείπω* - *λείψω* - *ἔλιπον*

ὄψομαι, *ὁράω*(보다)의 미래. ※ 미래에서 중간태이나 뜻은 능동이다 (디포).

πίπτω, 떨어지다(fall). 아오리스트는 *ἔπεσον*.

[기본형] *πίπτω* - *πεσοῦμαι* - *ἔπεσον*

προσφέρω, 에게 데려가다(bring to). 바치다(offer).

B. 익힘 문제

1. *καὶ εἴδομεν τὸν κύριον καὶ ἠκούσαμεν τοὺς λόγους αὐτοῦ.*

   ▶ *καί* … *καί* … , … 하기도 하고 … 하기도 하다.
   ▶ *εἴδομεν*, *ὁράω*(보다)의 아오리스트(능 직 1복).

[참고] *εἴδομεν*이 아오리스트인 것을 어떻게 아는가? 이 경우에 꼬리

를 보고 아는 것이 아니라 줄기를 보고 안다. 먼저 ὁράω의 아오리스트(능동)는 εἶδον인데, 이것은 외워야 한다. εἶδον이 아오리스트임을 알고 나면 꼬리를 보고 εἴδομεν이 1인칭 복수임을 알게 된다(미완료 능동태 직설법 변화에서 ἐλύομεν을 생각하라). 아오리스트 εἶδον은 현재형 ὁράω와는 다른 줄기를 가지고 있다. 이처럼 아오리스트에서 줄기가 변하는 것을 문법학자들은 '제2 아오리스트'(second aorist)라고 부른다. 그러나 '제2 아오리스트'라는 명칭은 중요하지 않으며 의미상 아무런 차이가 없다. 다만 εἶδον이 '아오리스트'라는 사실을 아는 것이 중요하다. 따라서 주요 동사의 기본형(현재 - 미래 - 아오리스트 - 완료)은 잘 외워야 한다. 완료 중간태와 아오리스트 수동태는 그렇게 중요한 것은 아니므로 일단 기본형 외우는 데서 제외하였다.

　　　　[기본형] ὁράω - ὄψομαι - εἶδον (완료형은 일단 제외).

- ἠκούσαμεν(ἐ-ακου-σα-μεν), ἀκούω(듣다)의 아오리스트 능동태 직설법(1복). ἠκούσαμεν이 아오리스트인 것은 아오리스트의 특징적인 접미사 σα가 붙어 있는 것을 보아 쉽게 알 수 있다. 그리고 접두모음 ἐ이 붙어서 α가 η로 변하였다(ἐ + α → η). 접두 모음은 직설법에서만 붙는데 이것은 이 동작이 일어난 시점이 과거임을 나타낸다. 아오리스트에서 접미사 σα가 붙는 동사는 규칙 변화이다(제1 아오리스트).

[번역] 우리는 주님을 보기도 하였고 그의 말씀들을 듣기도 하였다.
　　　(우리는 주님을 보았고 또한 그의 말씀들을 들었다.)

제15과 제2 아오리스트 능동태·중간태 직설법

2. οὐδὲ γὰρ εἰσῆλθες εἰς τοὺς οἴκους αὐτῶν
 οὐδὲ εἶπες αὐτοῖς παραβολήν.

- ▶ γάρ는 앞 문장에서 진술한 내용에 대한 이유를 설명한다. 경우에 따라 번역하지 않아도 된다.
- ▶ οὐδέ … οὐδέ … , 하지도 않고 … 하지도 않다(neither … nor …).
- ▶ εἰσῆλθες(εἰσ-ε-ελθ-ες)는 합성 동사로서 εἰσέρχομαι(안으로 들어가다)의 아오리스트 능동태 직설법(2단).

[참고] εἰσῆλθες가 아오리스트임을 어떻게 아는가? 우선 ἔρχομαι의 아오리스트가 ἦλθον이기 때문에, εἰσῆλθες도 아오리스트임을 알 수 있다. 우리는 먼저 ἔρχομαι의 기본형을 외워야 한다(ἔρχομαι-ἐλεύσομαι-ἦλθον).

- ▶ εἶπες(ε-ειπ-ες), λέγω의 아오리스트 능동태 직설법(2단). εἶπες가 아오리스트인 것은 기본형을 외어서 안다(λέγω-ἐρῶ-εἶπον).

[주의] εἶπον에서 줄기는 ιπ가 아니고 ειπ이다. 접두모음 ε이 붙었지만 모음에 아무런 변화가 없다(ε + ειπ → ειπ). 이것은 예외적인 경우이어서 그냥 외워두어야 한다. 한편 ἦλθες의 줄기는 ελθ이다.

[번역] 너는 그들의 집들 안으로 들어가지도 않았고 그들에게 비유를 말하지도 않았다.

3. ἐν ἐκείνῃ τῇ ὥρᾳ ἐγένοντο μαθηταὶ τοῦ κυρίου.

▶ ἐγένοντο(ἐ-γεν-οντο), γίνομαι(되다)의 아오리스트 중간태 직설법(3복).

[참고] ἐγένοντο의 시상이 아오리스트인 것은 γίνομαι의 기본형 변화 중 아오리스트가 ἐγενόμην이기 때문이다(γίνομαι - γενήσομαι - ἐγενόμην). 이 기본형 변화를 통해 γίνομαι의 아오리스트 줄기는 γεν임을 알 수 있다. 따라서 아오리스트 줄기 γεν을 보고 ἐγένοντο가 아오리스트임을 판별하게 된다. 만일 여기서 ἐγένοντο가 아니라 ἐγίνοντο가 왔다면, 그것은 미완료이다(미완료형 줄기는 현재의 줄기와 동일하다). ἐγένοντο에서 꼬리 οντο는 미완료 중간태 변화에서 3인칭 복수에 나오는 형태이다(cf. ἐλύοντο).

ἐγένοντο는 아오리스트인데 왜 미완료의 인칭 어미를 붙였을까? 그것은 이 동사의 시상이 줄기 γεν에 의해 분명해졌으므로 인칭 어미는 굳이 복잡한 아오리스트 인칭 어미를 붙일 필요가 없기 때문이다. 그래서 발음하기 편리한 미완료의 인칭 어미를 갖다 붙인 것이다(어느 것이 편리한지, 어느 어미를 갖다 붙일 것인가를 결정하는 것은 결국 당시의 헬라 사람들이다. 따라서 사실은, 당시 헬라 사람들이 붙이고 싶은 것을 붙였다고 하는 것이 제일 정확한 표현일 것이다. 우리는 그들이 결정해서 사용한 언어를 사후에 귀납적으로 배울 따름이다). 따라서 우리는 인칭 어미가 어떤 것이 붙느냐에 대해서는 신경 쓸 필요가 없이, 줄기가 변했다면 무조건 아오리스트라고 판단해야 한다. 미완료 시상에서는 줄기가 변하지 않는다. 이 모든 것은 결국 γίνομαι의 기본형을 외우면 저절로 해결된다. 왜냐하면 기본형 안에 줄기와 꼬리가 다 들어 있기 때문이다.

제15과 제2 아오리스트 능동태 · 중간태 직설법

▶ μαθηταὶ τοῦ κυρίου는 ἐγένοντο의 보어로 쓰였다. ἐγενόντο의 주어는 μαθηταί가 아니라 동사 속에 숨어 있는 '그들'이다.

[번역] 그때에 그들은 주님의 제자들이 되었다.

4. οὗτοι μὲν ἐγένοντο μαθηταὶ ἀγαθοί, ἐκεῖνοι δὲ ἔτι ἦσαν πονηροί.

▶ 전체적으로 μέν … δέ … 구문이다. 이 문장의 앞부분과 뒷부분이 대비되고 있다.
▶ ἐγένοντο, γίνομαι의 아오리스트 중간태 직설법(3복).
 [기본형] γίνομαι - γενήσομαι - ἐγενόμην
▶ μαθηταὶ ἀγαθοί 는 여기서 보어로 사용되었다.
▶ ἦσαν, εἰμί 의 미완료 직설법(3복). εἰμί 동사는 상태 동사이므로 과거형에서 아오리스트형이 없고 미완료형만 사용된다. 따라서 ἦσαν 은 미완료로서 과거의 어느 시점에서의 지속적인 상태를 나타낸다.

[번역] 이들은 선한 제자들이 되었다. 그러나 그들은 아직도 악하였다(악한 상태로 머물렀다).

5. προσέφερον αὐτῷ τοὺς τυφλούς.

▶ προσέφερον(προσ-ε-φερ-ον), προσφέρω(데리고 가다)의 미완료

능동태 직설법 1인칭 단수(또는 3인칭 복수). 미완료 능동태 직설법 변화에서는 1인칭 단수와 3인칭 복수가 같다는 사실에 주의하자.

[참고] 미완료 시상에서는 줄기가 변하지 않는다. 즉, 현재 시상의 줄기($\phi\epsilon\rho$)와 똑같다. 이 사실은 헬라어에 있어서 현재 시상과 미완료 시상이 원래는 진행 시상(*progressivus*)으로서 동일한 시상이었음을 말해 준다. 단지 차이점이 있다면 미완료 시상은 줄기 앞에 접두 모음 ϵ이 붙어서 이 동작이 과거에 일어난 진행적인 동작임을 말해 준다는 사실이다. 그러나 헬라어에서는 '시제'(시간)보다도 '시상'(동작의 양상)이 훨씬 더 중요하며 본래적이다. 따라서 미완료 시상은 직설법에서만 나타나며 그 외의 모든 법에서는 사라지고 만다(다른 법에서 진행 동작을 나타내는 것은 현재 시상이다).

▶ $\tau\upsilon\phi\lambda\acute{o}\varsigma, \acute{\eta}, \acute{o}\nu$, 눈먼(blind). 원래 형용사이나 관사와 함께 명사적으로 많이 사용된다. $\acute{o}\ \tau\upsilon\phi\lambda\acute{o}\varsigma$는 눈먼 사람, 소경.

[번역] 나는/그들은 (그) 소경들을 그에게 데려가고 있었다.

6. $\acute{\epsilon}\pi\epsilon\sigma o\nu\ \acute{\epsilon}\kappa\ \tau o\hat{\upsilon}\ o\mathring{\upsilon}\rho\alpha\nu o\hat{\upsilon}\ o\acute{\iota}\ \mathring{\alpha}\gamma\gamma\epsilon\lambda o\iota\ o\acute{\iota}\ \pi o\nu\eta\rho o\acute{\iota}.$

▶ $\acute{\epsilon}\pi\epsilon\sigma o\nu, \pi\acute{\iota}\pi\tau\omega$(떨어지다)의 아오리스트 능동태 직설법(3복). $\acute{\epsilon}\pi\epsilon\sigma o\nu$이 아오리스트인 것은 $\pi\acute{\iota}\pi\tau\omega$의 기본형 변화를 외워서 안다 ($\pi\acute{\iota}\pi\tau\omega$ - $\pi\epsilon\sigma o\hat{\upsilon}\mu\alpha\iota$ - $\acute{\epsilon}\pi\epsilon\sigma o\nu$). $\acute{\epsilon}\pi\epsilon\sigma o\nu$은 원칙적으로 1인칭 단수도 될 수 있으나 여기서는 $o\acute{\iota}\ \mathring{\alpha}\gamma\gamma\epsilon\lambda o\iota\ o\acute{\iota}\ \pi o\nu\eta\rho o\acute{\iota}$가 주어이므로 3인칭 복

수이다.

▶ οἱ πονηροί에서 πονηροί는 한정적으로 사용되었다(악한).

[번역] 악한 천사들이 하늘에서 떨어졌다.

7. τὰ μὲν δαιμόνια ἐξεβάλετε, τὰ δὲ τέκνα ἐθεραπεύσατε.

▶ μέν … δέ … 구문은 '대비'를 나타낸다.
▶ ἐξεβάλετε(ἐξ-ε-βαλ-ετε), ἐκβάλλω(내쫓다)의 아오리스트 능동태 직설법(2복). ἐξεβάλετε는 합성 동사인데 전치사를 제외한 줄기가 βαλ으로서 현재형의 줄기 βαλλ과 다르다. 즉, 줄기가 변하였다. 따라서 ἐξεβάλετε는 아오리스트이다(cf. βάλλω - βαλῶ - ἔβαλον).
▶ ἐθεραπεύσατε(ἐ-θεραπευ-σα-τε)는 규칙 변화로서 θεραπεύω(고치다, 치료하다)의 아오리스트 능동태 직설법(2복).

[번역] 너희는 악령들은 쫓아내고, 아이들은 치료해 주었다(너희는 한편으로는 악령들을 쫓아내었고, 다른 한편으로는 아이들을 치료해 주었다.)

8. τοὺς μὲν πονηροὺς συνηγάγετε ὑμεῖς εἰς τοὺς οἴκους ὑμῶν, τοὺς δὲ ἀγαθοὺς ἡμεῖς.

▶ 위 문장은 μέν … δέ … 구문으로서 '너희'가 한 일과 '우리'가 한 일이 대비되고 있다. 그래서 인칭 대명사 ὑμεῖς와 ἡμεῖς가 사용되었다.

- *συνηγάγετε*(συν-ε-αγαγ-ετε), *συνάγω*(모으다)의 아오리스트 능동태 직설법(2인칭 복수).

[참고] *συνηγάγετε*가 아오리스트인 것을 어떻게 아는가? 우선 이 단어의 원형 *συνάγω*는 *συν+ἄγω*로 된 합성 동사이다. 그런데 *ἄγω*의 기본형 변화는 *ἄγω - ἄξω - ἤγαγον*이다. 따라서 *ἄγω*의 아오리스트는 *ἤγαγον*임을 알 수 있다. 따라서 *συνηγάγετε*는 *συνάγω*의 아오리스트이다.

- *τοὺς πονηρούς*, 악한 자들을; *τοὺς ἀγαθούς*, 선한 자들을. *πονηρούς*와 *ἀγαθούς*는 둘 다 명사적으로 사용되었다.
- 문장 제일 끝의 *ἡμεῖς* 앞에 *συνηγάγετε*가 생략되었다.

[번역] 너희는 악한 자들을 너희 집들 안으로 모았다. 그러나 우리는 선한 자들을 모았다.

9. *οὐκ ἐκήρυξας τὸ εὐαγγέλιον ἐν τῇ ἐκκλησίᾳ, οὐδὲ γὰρ ἐγένου μαθητής.*

- *ἐκήρυξας*(ε-κηρυσσ-σα-ς), *κηρύσσω*(선포하다)의 아오리스트 능동태 직설법 (2인칭 단수). 규칙 변화이나 *σσ + σ*가 *ξ*로 변한다는 점이 특별하다. 문법학자들은 이에 대해 *κηρύσσω*의 원래 줄기가 *κηρυκ*였다고 설명한다. 그러나 우리는 이런 것에 대해 신경 쓸 것 없이 그냥 기본형을 외워 두면 된다(*κηρύσσω - κηρύξω -*

제15과 제2 아오리스트 능동태 · 중간태 직설법

ἐκήρυξα).

▶ γάρ는 앞 문장의 진술에 대한 이유를 나타낸다(for).
▶ ἐγένου(ἐ-γεν-ου), γίνομαι의 아오리스트 중간태 직설법 2인칭 단수. ἐγένου가 아오리스트인 것은 줄기가 γεν으로서 모음이 ε으로 바뀌었기 때문이다(γίνομαι - γενήσομαι - ἐγενόμην). 인칭 어미가 -ου로 된 것은 미완료 중간태 직설법 ἐλύου를 생각해 보라. 그러나 인칭 어미에 미완료형이 오느냐 아오리스트형이 오느냐 하는 것은 크게 신경 쓸 것이 없다. 이 단어의 경우는 γίνομαι의 아오리스트가 ἐγενόμην이므로 인칭 어미에 관계없이 아오리스트로 확정되어 있다. 그리고 인칭 어미는 -ομην으로 이미 주어져 있다. 따라서 그 어미에 맞게 인칭 변화를 하면 된다(ἐλυόμην의 인칭 변화를 떠올려 보라). 따라서 불규칙적으로 변하는 주요 동사의 기본형을 외우면 이 문제는 저절로 해결된다. 참고로 여기서 미완료 시상이 온다면 ἐγίνου가 되어야 한다. 미완료형에서는 줄기(γιν)가 변하지 않고 그대로 있다는 사실에 주의하라.
▶ 여기서 μαθητής는 ἐγένου의 보어이다.

[번역] 너는 교회 (안)에서 복음을 전하지 않았다. 이는 네가 제자가 되지도 않았기 때문이다.

10. νῦν μὲν λέγετε λόγους ἀγαθούς, εἶπον δὲ οὗτοι τοὺς αὐτοὺς λόγους καὶ ἐν ταῖς ἡμέραις ἐκείναις.

▶ 위 문장은 μέν … δέ … 구문으로서 '지금' 너희가 말하는 것과 '그때에' 이 사람들이 말한 것이 대비되고 있다.
▶ λέγετε, λέγω(말하다)의 현재 능동태 직설법(2복).
▶ εἶπον, λέγω의 아오리스트 능동태 직설법(3복). λέγω의 기본형은 정확하게 외워 두도록 하자(λέγω - ἐρῶ - εἶπον). 그리고 εἶπον은 1인칭 단수도 될 수 있고 3인칭 복수도 될 수 있으나, 여기서는 οὗτοι가 주어이기 때문에 3인칭 복수로 보아야 한다.
▶ τοὺς αὐτοὺς λόγους는 '바로 그(동일한) 말씀들'이라는 뜻.
▶ 여기서 καί는 강조의 의미로 '또한, … 도'의 뜻.

[번역] 너희는 지금 선한 말들을 하고 있다. 그런데 이 사람들은 동일한 말들을 그때에도 하였다.

제16과

아오리스트 수동태 직설법
미래 수동태 직설법

A. 단어

ἀναλαμβάνω, 들어 올리다(take up).

ἐβλήθην, βάλλω(던지다)의 아오리스트 수동태(던져졌다).

ἐγενήθην, γίνομαι(되다)의 아오리스트 수동태(되었다). ※ 아오리스트에서 수동태가 되어도 뜻은 현재와 마찬가지로 중간태적이다.

ἐγνώσθην, γινώσκω(알다)의 아오리스트 수동태(알려졌다).

ἐδιδάχθην, διδάσκω(가르치다)의 아오리스트 수동태(가르침을 받았다).

ἐκηρύχθην, κηρύσσω(선포하다)의 아오리스트 수동태(선포되었다).

ἐλήμφθην, λαμβάνω(취하다, 받다)의 아오리스트 수동태(취해졌다).

ἐπορεύθην, πορεύομαι(가다)의 아오리스트 수동태(갔다). ※ 수동태가 되어도 뜻은 여전히 중간태적이다.

ἠγέρθην, ἐγείρω(일으키다)의 아오리스트 수동태(일으킴을 받았다).

ἠκούσθην, ἀκούω(듣다)의 아오리스트 수동태(들렸다).

ἠνέχθην, φέρω(데리고 가다)의 아오리스트 수동태(데리고 감을 받았다).

ἤχθην, ἄγω(인도하다)의 아오리스트 수동태(인도되었다).

ὤφθην, ὁράω(보다)의 아오리스트 수동태(보였다).

B. 익힘 문제

1. ἐπιστεύσαμεν εἰς τὸν κύριον καὶ ἐγνώσθημεν ὑπ᾽ αὐτοῦ.

▶ ἐπιστεύσαμεν(ἐ-πιστευ-σα-μεν), πιστεύω(믿다)의 아오리스트 능동태 직설법(1복). 규칙 변화이다. πιστεύω 뒤에 〈εἰς + 대격〉이 오면 '… 를 (주님으로) 믿다, 신앙하다'(believe in)는 의미이다.

▶ ἐγνώσθημεν(ἐ-γνωσ-θη-μεν), γινώσκω(알다)의 아오리스트 수동태 직설법(1복). 이것이 아오리스트 수동태인 것은 아오리스트 수동태에 특징적인 θη를 보아 금방 알 수 있다. 단어 앞에 접두 모음 ἐ이 붙은 것은 직설법임을 말해 준다(곧, 과거 시간). 아오리스트 수동태에서 원형 줄기에 있던 모음 ι가 탈락하였다(엄밀하게 말하자면, γινώσκω 동사의 원래 형태는 γιγνώσκω였는데 현재 외의 시상에서 앞의 γι가 탈락하였다고 말하는 것이 옳다). 이처럼 아오리스트 수동태에서 모음이 탈락하거나 변하는 경우가 많이 있으니 주의를 요한다.

   [기본형] γινώσκω - γνώσομαι - ἔγνων
                                    수) ἐγνώσθην

▶ 여기서 〈ὑπ᾽(ὑπό) + 속격〉은 '… 에 의해'(by)의 뜻이다. 수동태에 있어서 행위자를 나타낸다.

[번역] 우리는 주님을 믿었다. 그리고 그에 의해 알려졌다.

2. ταῦτα ἐγράφη ἐν τοῖς βιβλίοις.

▶ ταῦτα는 지시 대명사 οὗτος의 중성 복수 주격(τοῦτο의 복수 주격).
▶ 중성 복수 주어는 단수 동사를 취할 수 있다.
▶ ἐγράφη(ἐ-γραφ-θη), γράφω(쓰다, 기록하다)의 아오리스트 수동태 직설법(3단). γράφω 동사는 아오리스트 수동태에서 θ가 탈락한다(ἐγρά-φην). 이런 식으로 변하는 동사를 '제2 아오리스트 수동태'라고 부르기도 하는데, 이 용어는 중요하지 않다. 이런 유의 동사는 신약에서 매우 드문데, γράφω와 σπείρω와 χαίρω가 대표적이다 (ἐγράφην, ἐσπάρην, ἐχάρην). 아오리스트 수동태에서 줄기의 모음이 변하는 수가 많으니 주의를 요한다. 그리고 여기서 어미가 η로 끝난 것은 3인칭 단수를 나타낸다(cf. ἐλύθη).

[번역] 이것들이 그 책들 안에 기록되었다.

3. ἐδιδάξατε τὰ τέκνα, ἐδιδάχθητε δὲ καὶ αὐτοὶ ὑπὸ τοῦ κυρίου.

▶ ἐδιδάξατε(ἐ-διδακ-σα-τε), διδάσκω(가르치다)의 아오리스트 능동태 직설법(2복). 미래와 아오리스트에서 줄기의 σ가 탈락한다. 그러나 이런 것은 기본형을 여러 번 읽어서 암기해 두면 된다 (διδάσκω - διδάξω - ἐδίδαξα).
▶ ἐδιδάχθητε(ἐ-διδαχ-θητε), διδάσκω의 아오리스트 수동태 직설법

(2복). θη를 보아서 아오리스트 수동태임을 금방 알 수 있다. 접두모음 ϵ은 이것이 직설법임을 알려 준다. 그리고 자음 κ가 θ 앞에서 χ로 변하였다. θ는 원래 거친 숨이 들어 있는 발음으로서 우리말의 "ㅌ" 발음과 비슷하다. 이에 비해 τ는 된소리로서 우리말의 "ㄸ" 발음과 비슷하다. 그러나 이러한 원래의 발음은 우리나라에서 제대로 지켜지지 않고 있으며, 특히 영어식 발음에 의해 정반대로 왜곡되기도 한다. 또 오늘날 우리가 원래의 헬라어 발음을 정확하게 하는 것은 어렵고 또 별 의미가 없다고 할 수도 있다. 그러나 θ의 원래 발음이 거친 숨이 들어 있는 파열음이라는 것은 알아 두도록 하자. 따라서 이 거친 숨 때문에 바로 앞에 있는 κ(된소리, ㄲ)가 거친 숨이 들어 있는 파열음 χ(ㅋ)로 변하였다.

▶ καὶ αὐτοί는 ἐδιδάχθητε에 들어 있는 주어(너희)를 강조한다(너희 자신은).

[번역] 너희는 그 아이들을 가르쳤다. 그런데 너희 자신은 주님에 의해 가르침을 받았다.

4. ἐλήμφθησαν οἱ πιστοὶ εἰς τὸν οὐρανόν, ἐξεβλήθησαν δὲ ἐξ αὐτοῦ οἱ ἄγγελοι οἱ πονηροί.

▶ ἐλήμφθησαν(ἐ-λημφ-θη-σαν), λαμβάνω(취하다)의 아오리스트 수동태 직설법(3복). 이것이 아오리스트 수동태임은 θη를 보아 쉽게 알 수 있다. λαμβάνω의 기본형을 확실하게 알아 두자(λαμβάνω -

제16과 아오리스트 수동태 직설법, 미래 수동태 직설법

λήμψομαι - ἔλαβον). 아오리스트 수동태는 ἐλήμφθην인데 따로 외워 두어야 한다. 줄기의 모음 α가 η로 바뀐 것에 주의하고, θ 앞에 φ가 온 것에도 주의하라.

- ▶ οἱ πιστοί, 신실한 자들(the faithful).
- ▶ ἐξεβλήθησαν(εξ-ε-βλη-θη-σαν), ἐκβάλλω(내어 쫓다)의 아오리스트 수동태 직설법(3복). βάλλω의 기본형을 잘 외워 두도록 하자.

[기본형] βάλλω - βαλῶ - ἔβαλον (수 ἐβλήθην) 미래와 아오리스트에서 λ가 하나뿐인 사실에 주의하라. 이 동사의 경우는 악센트를 붙여서 발음해야만 구별이 된다. ἐξ는 ἐκ가 모음 앞에서 변한 것이다. βάλλω의 아오리스트 수동태 직설법은 ἐβλήθην이다. 모음 α가 탈락된 사실에 주의하라.

- ▶ ἐξ αὐτοῦ에서 αὐτοῦ는 τὸν οὐρανόν(하늘)을 받는다.
- ▶ οἱ ἄγγελοι οἱ πονηροί, 악한 천사들. 형용사 πονηροί는 한정적으로 사용되었다.

[번역] 신실한 자들은 하늘로 취함을 받았다. 그러나 악한 천사들은 거기서 쫓겨났다.

5. ἐγερθήσονται οἱ νεκροὶ τῷ λόγῳ τοῦ κυρίου.

- ▶ ἐγερθήσονται(ἐγερ-θησ-ονται), ἐγείρω(일으키다)의 미래 수동태 직설법(3복). 미래 수동태에서는 θησ가 나타난다. 그리고 접두 모음이 없다. 이 단어의 제일 앞에 오는 ε은 접두 모음이 아니라 줄기(어간)에 들어 있는 ε이다. 원형(ἐγείρω)의 가운데 모음 ει가 ε로 짧

아졌다는 사실에 주의하라. 이 동사의 기본형은 $\dot{\epsilon}\gamma\epsilon\acute{\iota}\rho\omega$ - $\dot{\epsilon}\gamma\epsilon\rho\hat{\omega}$ - $\ddot{\eta}\gamma\epsilon\iota\rho\alpha$이며, 아오리스트 수동태 기본형은 $\dot{\eta}\gamma\acute{\epsilon}\rho\theta\eta\nu$이다. 여기서 미래 수동태의 기본형은 $\dot{\epsilon}\gamma\epsilon\rho\theta\acute{\eta}\sigma o\mu\alpha\iota$가 된다.
- $o\acute{\iota}$ $\nu\epsilon\kappa\rho o\acute{\iota}$에서 $\nu\epsilon\kappa\rho o\acute{\iota}$는 형용사로서 '죽은'(dead)이며 앞에 관사와 함께 사용되어 '죽은 자들'이라는 뜻이다.
- 여기서 $\tau\hat{\omega}$ $\lambda\acute{o}\gamma\omega$는 수단의 여격으로서 '말씀으로'(with the word)라는 뜻이다.

[번역] 죽은 자들은 주님의 말씀으로 일으킴을 받을 것이다.

6. $o\mathring{v}\tau o\iota$ $o\acute{\iota}$ $\tau\upsilon\phi\lambda o\grave{\iota}$ $\sigma\upsilon\nu\acute{\eta}\chi\theta\eta\sigma\alpha\nu$ $\epsilon\grave{\iota}\varsigma$ $\tau\grave{\eta}\nu$ $\dot{\epsilon}\kappa\kappa\lambda\eta\sigma\acute{\iota}\alpha\nu$.

- $\tau\upsilon\phi\lambda o\acute{\iota}$는 원래 형용사로서 '눈먼'(blind)이라는 뜻이다. 앞에 관사와 함께 사용되어 '눈먼 자들'(the blind)이 된다.
- $\sigma\upsilon\nu\acute{\eta}\chi\theta\eta\sigma\alpha\nu(\sigma\upsilon\nu$-$\epsilon$-$\alpha\chi$-$\theta\eta$-$\sigma\alpha\nu)$, $\sigma\upsilon\nu\acute{\alpha}\gamma\omega$(모으다, 타동사)의 아오리스트 수동태 직설법(3복). 이처럼 수동태가 되면 타동사가 자동사적 의미로 바뀌는 경우가 더러 있다. 이 동사의 경우는 $\ddot{\alpha}\gamma\omega$의 기본형을 외워 두면 된다($\ddot{\alpha}\gamma\omega$ - $\ddot{\alpha}\xi\omega$ - $\ddot{\eta}\gamma\alpha\gamma o\nu$). 그리고 아오리스트 수동태는 $\ddot{\eta}\chi\theta\eta\nu$이다.

[번역] 이 소경들은 교회 안으로 모였다.

제16과 아오리스트 수동태 직설법. 미래 수동태 직설법

7. ἐξεβλήθη τὰ δαιμόνια · ὁ γὰρ κύριος ἐξέβαλεν αὐτά.

▶ ἐξεβλήθη(ἐξ-ἐ-βλη-θη), ἐκβάλλω(내쫓다)의 아오리스트 수동태 직설법(3단). 중성 복수 주어는 단수 동사를 취할 수 있다.
▶ 여기서 αὐτά는 앞에 나온 τὰ δαιμόνια를 받는다.
▶ ἐξέβαλεν(ἐξ-ἐ-βαλ-ἐν), ἐκβάλλω의 아오리스트 능동태 직설법 3인칭 단수. 이것이 아오리스트임은 줄기가 변한 것을 보아 알 수 있다 (λλ → λ). 그리고 접두 모음 ἐ이 붙은 것을 보아서도 알 수 있다.

[참고] 그러면 이 동사는 왜 미완료가 아니고 아오리스트인가? 그것은
① βάλλω의 기본형을 보면 아오리스트가 ἔβαλον이기 때문이다 (βάλλω-βαλῶ-ἔβαλον). 따라서 ἐξέβαλον은 어미에 상관없이 무조건 아오리스트이다.
② 미완료형에서는 줄기가 변하지 않는다. 즉, ἐξέβαλλεν이 와야 한다(3단). λ 두 개가 그대로 있다. 그러나 여기서는 ἐξέβαλεν으로 줄기가 변했기 때문에 아오리스트이다.

[번역] (그) 귀신들이 쫓겨났다. 이는 주께서 그들을 쫓아내셨기 때문이다.

8. πέμπονται μὲν καὶ νῦν οἱ μαθηταί, ἐπέμφθησαν δὲ τότε οἱ ἀπόστολοι καὶ πεμφθήσονται ἐν ἐκείνῃ τῇἡμέρᾳ καὶ οἱ ἄγγελοι.

- ▶ πέμπονται, πέμπω(보내다)의 현재 수동태 직설법(3복). 현재 시상은 지속적인 동작을 나타낸다.
- ▶ καὶ νῦν, 지금도, 지금까지도.
- ▶ 위 문장은 전체적으로 μέν … δέ … 구문으로서 현재의 일과 과거의 일이 서로 대비되고 있다.
- ▶ ἐπέμφθησαν(ε-πεμφ-θη-σαν), πέμπω의 아오리스트 수동태 직설법(3복). π가 θ 앞에서 φ로 변했다.
- ▶ πεμφθήσονται 앞의 καί는 '그리고'(and)의 뜻.
- ▶ πεμφθήσονται(πεμφ-θησ-ονται), πέμπω(보내다)의 미래 수동태 직설법(3복). 아오리스트 수동태와 미래 수동태는 둘 다 θη를 가지고 있다는 점에서는 비슷하나 미래 수동태에서는 θη 다음에 σ가 덧붙어 있다. 그리고 미래 수동태에서는 접두 모음이 없다.
- ▶ καὶ οἱ ἄγγελοι, 천사들도.

[번역] 지금도 제자들이 보냄을 받고 있다. 그러나 전에는 사도들이 보냄을 받았다. 그리고 그날에는 천사들도 보냄을 받을 것이다.

9. εἰσῆλθες εἰς τὴν ἐκκλησίαν καὶ ἐβαπτίσθης.

▶ εἰσῆλθες(εισ-ε-ελθ-ες), εἰσέρχομαι(안으로 들어가다)의 아오리스트 능동태 직설법(2단). 이 단어는 ἔρχομαι의 기본형을 알아 두면 된다.

[기본형] ἔρχομαι - ἐλεύσομαι - ἦλθον 여기서 주의할 것은 아오리스트에 나타나는 θ는 수동태와는 관계없고 원래부터 있는 줄기(ελθ)의 θ라는 사실이다.

▶ ἐβαπτίσθης(ε-βαπτι-σ-θης), βαπτίζω(세례 주다)의 아오리스트 수동태 직설법(2단). 이 동사는 아오리스트 수동태에서 ζ가 탈락하고 σ가 덧붙었다.

[기본형] βαπτίζω - βαπτίσω - ἐβάπτισα

수) ἐβαπτίσθην

[번역] 너는 (그) 교회 안으로 들어갔다. 그리고 세례 받았다.

10. ἐπιστεύθη ἐν κόσμῳ, ἀνελήμφθη ἐν δόξῃ.

▶ ἐπιστεύθη(ε-πιστευ-θη), πιστεύω(믿다)의 아오리스트 수동태 직설법.

[기본형] πιστεύω - πιστεύσω - ἐπίστευσα (규칙 변화)

수) ἐπιστεύθην

▶ ἀνελήμφθη(ἀν-ε-λημφ-θη), ἀναλαμβάνω(위로 취하다)의 아오리

스트 수동태 직설법(3단).

[기본형] $\lambda\alpha\mu\beta\acute{\alpha}\nu\omega$ - $\lambda\acute{\eta}\mu\psi o\mu\alpha\iota$ - $\check{\epsilon}\lambda\alpha\beta o\nu$

수) $\dot{\epsilon}\lambda\acute{\eta}\mu\phi\theta\eta\nu$

▶ $\dot{\epsilon}\nu$ $\delta\acute{o}\xi\eta$ 는 '영광 중에'이다.

[번역] 그는 세상에서 믿어졌고 영광 중에 위로 취함 받았다(올리워졌다).

제17과

제3 명사 변화

A. 단어

ἅγιος, α, ον, (형용사) 거룩한(holy).
ἅγιοι, οἱ, 성도들(saints).
αἷμα, αἵματος, τό, 피(blood).
αἰών, αἰῶνος, ὁ, 세대(age), 세상(world). εἰς τὸν αἰῶνα, 영원히(for ever); εἰς τοὺς αἰῶνας τῶν αἰώνων, 영원 무궁토록(for ever and ever).
ἄρχων, ἄρχοντος, ὁ, 통치자(ruler).
γράμμα, γράμματος, τό, 글자(letter).
ἐλπίς, ἐλπίδος, ἡ, 소망(hope).
θέλημα, θελήματος, τό, 뜻(will).
νύξ, νυκτός, ἡ, 밤(night).
ὄνομα, ὀνόματος, τό, 이름(name).
πνεῦμα, πνεύματος, τό, 바람(wind), 영(spirit), 성령(the Spirit).
ῥῆμα, ῥήματος, τό, 말, 말씀(word).
σάρξ, σαρκός, ἡ, 살, 육신(flesh).
σῶμα, σώματος, τό, 몸(body).

B. 익힘 문제

1. ἐλπίδα οὐκ ἔχουσιν οὐδὲ τὸ πνεῦμα τὸ ἅγιον.

- ▶ ἐλπίδα, ἐλπίς (ἡ, 소망)의 단수 대격.
  [격 변화] ἐλπίς, ἐλπίδος, ἐλπίδι, ἐλπίδα (호격 ἐλπί)
  ἐλπίδες, ἐλπίδων, ἐλπίσι(ν), ἐλπίδας
- ▶ τὸ πνεῦμα τὸ ἅγιον, 거룩한 영, 성령.
- ▶ οὐκ … οὐδὲ … , … 하지도 않고 … 하지도 않는다(neither … nor).

[번역] 그들은 소망을 가지고 있지도 않고, 성령을 가지고 있지도 않다.

2. διὰ τὴν ἐλπίδα τὴν καλὴν ἤνεγκαν ταῦτα οἱ μαθηταὶ τοῦ κυρίου.

- ▶ διά + 대격, … 때문에, … 로 인하여.
- ▶ 여기서 τὴν καλήν은 한정적으로 사용되었다. τὴν ἐλπίδα를 한정한다(선한/좋은 소망).
- ▶ ἤνεγκαν, φέρω (가지고 가다, 참다)의 아오리스트 능동태 직설법 (3 복). 기본형은 φέρω – οἴσω – ἤνεγκα. 따라서 ἤνεγκα는 어미가 어떻게 변하든 관계없이 아오리스트이다. 인칭 어미 변화는 ἤνεγκα의 꼬리를 보고 거기에 맞게 변화시키면 된다. 이 단어의 경우는 ἔλυσα의 σα 대신에 κα가 온 형태이다. 따라서 3인칭 복수는 ἔλυσαν의 σαν 대신에 καν이 왔다.

▶ ταῦτα는 τοῦτο의 복수. 주격도 되고 대격도 되지만 여기서는 대격으로 보아야 한다. 왜냐하면 이 문장에서 주어는 οἱ μαθηταὶ τοῦ κυρίου이므로 ταῦτα는 목적어가 되어야 하기 때문이다.

[번역] 주님의 제자들은 선한 소망 때문에 이것들을 참았다.

3. ταῦτά ἐστιν τὰ ῥήματα τοῦ ἁγίου πνεύματος.

▶ ταῦτα, 지시 대명사 τοῦτο의 복수 주격(οὗτος의 중성 복수 대격). 중성 복수 주어는 단수 동사를 취할 수 있다.

[참고] ταῦτα의 끝 음절에 어큐트 악센트가 하나 더 붙은 것은 뒤에 오는 ἐστιν이 엔클리틱이기 때문이다. 그래서 두 단어를 마치 한 단어인 것처럼 발음하며, 따라서 끝에서 세 번째 음절에 해당하는 τα에 어큐트 악센트가 붙은 것이다.

▶ ῥήματα, ῥῆμα(τό, 말해진 것, 말, 말씀)의 복수 주격. ῥῆμα는 '말해진 것'(what is said, saying), λόγος는 '객관적인 말, 말씀'(word)으로 구분할 수도 있으나 대개는 동의어로 사용된다(ῥῆμα, ῥήματος, ῥήματι, ῥῆμα; ῥήματα, ῥημάτων, ῥήμασι(ν), ῥήματα).

▶ τὸ ἅγιον πνεῦμα는 τὸ πνεῦμα τὸ ἅγιον과 마찬가지로 '거룩한 영, 성령'을 뜻한다(πνεῦμα, πνεύματος, πνεύματι, πνεῦμα; πνεύματα, πνευμάτων, πνεύμασι(ν), πνεύματα).

[번역] 이것들은 성령의 말씀들이다.

4. ἐγράφη τὰ ὀνόματα ὑμῶν ὑπὸ τοῦ θεοῦ ἐν τῷ βιβλίῳ τῆς ζωῆς.

- ▶ ἐγράφη(ἐ-γραφ-η), γράφω(쓰다, 기록하다)의 아오리스트 수동태 직설법 (3단). 이 동사의 경우는 아오리스트 수동태에서 θ가 탈락되었다. 이런 것을 '제2 아오리스트 수동태'라고 부르기도 한다.
- ▶ ὀνόματα, ὄνομα(τό, 이름)의 복수 주격. μα로 끝나는 명사는 모두 중성이다(ὄνομα, ὀνόματος, ὀνόματι, ὄνομα; ὀνόματα, ὀνομάτων, ὀνόμασι(ν), ὀνόματα). 중성 복수 주어는 단수 동사를 취할 수 있다(물론 복수 동사를 취할 수도 있다).
- ▶ ὑπὸ τοῦ θεοῦ, 하나님에 의해(by God).
- ▶ τὸ βιβλίον τῆς ζωῆς, 생명의 책 곧 생명책.

[번역] 너희의 이름들이 하나님에 의해 생명책에 기록되었다.

5. τῷ λόγῳ τοῦ κυρίου ἔσωσεν ἡμᾶς ὁ θεός.

- ▶ τῷ λόγῳ, 수단의 여격(말씀으로).
- ▶ ἔσωσεν(ἐ-σω-σεν), σῴζω(구원하다)의 아오리스트 능동태 직설법 3인칭 단수. 아오리스트에서 ζ가 탈락하였다(σῴζω - σώσω - ἔσωσα - σέσωκα).

[참고] 현재형에서는 ω 아래에 ι subscript가 오는 것이 옳다. 옛날 Homerus 의 글에 σωίζω(ΣΩΙΖΩ)가 나타나는 것으로 보아 원래 ι가 있었던 것이 맞다. 그런데 미래와 아오리스트와 완료 시상에서 ι가 탈락되었다(현재 시상과 같은 계통인 미완료 시상에서는 ι가 붙는다. 자세한 것은 Bauer 사전과 Liddell-Scott 사전을 참조하라). 따라서 ι subscript가 없는 σωζω는 오류라고 할 수 있다.

[번역] 하나님은 주님의 말씀으로 우리를 구원하셨다.

6. οἱ ἄρχοντες οἱ πονηροὶ οὐκ ἐπίστευσαν εἰς τὸ ὄνομα τοῦ κυρίου.

▶ ἄρχοντες의 기본형 ἄρχων(ὁ)은 원래 동사 ἄρχω(통치하다, 지배하다)에서 온 현재 분사 형태이나 명사로 굳어졌다(ἄρχων, ἄρχοντος, ἄρχοντι, ἄρχοντα; ἄρχοντες, ἀρχόντων, ἄρχουσι(ν), ἄρχοντας). 복수 여격 ἄρχουσι에 움직이는 ν가 붙을 수 있다.
▶ οἱ πονηροί는 한정적으로 사용되었다(악한).
▶ ἐπίστευσαν(ἐ-πιστευ-σα-ν), πιστεύω(믿다)의 아오리스트 능동태 직설법(3복). 규칙 변화이다. πιστεύω εἰς는 ' … 를 (주님으로) 믿다, 신앙하다'(believe in)는 뜻.

[번역] 그 악한 통치자들은 주님의 이름을 믿지 않았다.

7. ταῦτα εἶπον ἐκεῖνοι τοῖς ἄρχουσιν τούτου τοῦ αἰῶνος.

▶ 여기서 ταῦτα는 εἶπον의 목적어(대격)이다(이것들을).
▶ εἶπον(ἐ-ειπ-ον), λέγω(말하다)의 아오리스트 능동태 직설법(3복). 3인칭 복수의 경우에 신약에서는 εἶπαν이 많이 사용된다. 그러나 인칭 어미로 ον이 오든 αν이 오든 아오리스트 시상인 것은 분명하다. 참고로 εἶπον의 줄기는 ιπ가 아니라 ειπ이다.
  [기본형] λέγω – ἐρῶ – εἶπον
▶ ἐκεῖνοι는 여기서 명사적(독립적)으로 사용되었다(저들은).
▶ ἄρχουσιν은 동사처럼 보이나 남성 명사 ἄρχων의 복수 여격이다. 복수 여격 단어 끝에 ν가 붙을 수도 있고 떨어질 수 있다는 것도 동사의 경우와 같으니 주의를 요한다.
▶ τούτου τοῦ αἰῶνος는 οὗτος ὁ αἰών의 속격이다. αἰών은 세대, 세상의 뜻(αἰών, αἰῶνος, αἰῶνι, αἰῶνα; αἰῶνες, αἰώνων, αἰῶσι(ν), αἰῶνας).

[번역] 저 사람들은 이 세대의 통치자들에게 이것들을 말하였다.

8. ὄψεσθε ὑμεῖς τὸ πρόσωπον τοῦ κυρίου εἰς τὸν αἰῶνα, ἀλλ᾽ οὐκ ὄψονται αὐτὸ οἱ πονηροί, ὅτι οὐκ ἐπίστευσαν εἰς τὸ ὄνομα αὐτοῦ.

▶ ὄψεσθε, ὁράω(보다)의 미래 중간태 2인칭 복수(ὁράω – ὄψομαι –

제17과 제3명사 변화

εἶδον). 이처럼 미래에서 중간태로 변하나 뜻에는 변함이 없다(너희는 볼 것이다).

- 인칭 대명사 ὑμεῖς가 사용된 것은 뒤에 나오는 οἱ πονηροί와 대비되기 때문이다(너희는 … 악한 자들은 …).
- εἰς τὸν αἰῶνα, 영원히(αἰών의 격 변화는 앞의 7번 풀이 참조).
- 여기서 αὐτό(중성)는 앞에 나온 τὸ πρόσωπον κυρίου를 받는다.
- οἱ πονηροί, 악한 자들. 여기서 πονηροί는 명사적으로 사용되었다.
- 여기서 ὅτι는 '왜냐하면'의 뜻.
- ἐπίστευσαν(ε-πιστευ-σα-ν), πιστεύω(믿다)의 아오리스트 능동태 직설법(3복).
- 제일 마지막에 나오는 αὐτοῦ는 인칭 대명사로서 앞의 τοῦ κυρίου를 받는다.

[번역] 너희는 주님의 얼굴을 영원토록 볼 것이다. 그러나 악한 자들은 그것을 보지 못할 것이다. 왜냐하면 그들은 그의 이름을 믿지 않았기 때문이다.

9. οὐκέτι κατὰ σάρκα γινώσκομεν τὸν κύριον.

- οὐκέτι, 더 이상 … 않다(no longer).
- κατὰ σάρκα, 육체(육신)를 따라, 육신적으로. κατὰ σάρκα γινώσκομεν은 '육체적으로 안다, 육신적으로 안다, 인간적으로 안다, 외적 모습을 보고 판단한다'는 뜻이다(cf. 고후 5:16).
  ※ σάρξ, σαρκός, σαρκί, σάρκα(우선 단수 격 변화만 외워 두자.)

[번역] 우리는 더 이상 육체를 따라(육신적으로) 주님을 알지 아니한다.

10. ἐν τῇ σαρκὶ ὑμῶν εἴδετε τὸν θάνατον, ἀλλὰ διὰ τοῦ ἁγίου πνεύματος ἔχετε ἐλπίδα καλήν.

- ἐν τῇ σαρκί, 육신 안에서, 육신에 있어서.
- εἴδετε, ὁράω(보다)의 아오리스트 능동태 직설법(ὁράω - ὄψομαι - εἶδον).
- διά + 속격, … 을 통하여, … 로 말미암아(through).
- ἐλπίδα, ἐλπίς, ἡ의 단수 대격.

[번역] 너희는 너희의 육신 안에서 죽음을 보았다. 그러나 성령으로 말미암아 선한 소망을 가지고 있다.

제18과

현재 분사. 분사의 용법

A. 단어

προσέρχομαι, (디포) 에게로 가다/오다(go/come to).
ὤν, οὖσα, ὄν, (분사) *εἰμί*의 현재 분사(being).

B. 익힘 문제

1. *διωκόμενοι ὑπὸ τοῦ ἄρχοντος προσευχόμεθα τῷ θεῷ.*

   ▶ *διωκόμενοι*, 현재 수동태 분사(남·복·주). 이 분사의 주어는 *προσευχόμεθα*에 숨어 있는 주어인 '우리'이다. 왜냐하면 분사의 성 수 격이 복수 주격이기 때문이다. 분사 *διωκόμενοι*는 앞에 관사가 없기 때문에 서술적 용법으로 사용되었다. 그리고 현재 시상이기 때문에 지속적인 동작 또는 반복적인 동작으로 이해된다(핍박을 받고 있는 동안에, 핍박을 받고 있을 때에).

   ▶ *ὑπὸ τοῦ ἄρχοντος*, 그 통치자에 의해 *ἄρχων*은 원래 *ἄρχω*라는 동사에서 온 현재 분사이지만 명사로 굳어져서 명사로 이해된다.

   ▶ *προσευχόμεθα τῷ θεῷ*, 우리는 하나님께 기도한다. *προσεύχομαι*

는 원래부터 중간태이다(디포넌트 동사).

[번역] 우리는 그 통치자에 의해 핍박을 받을 때(받고 있는 동안에) 하나님께 기도한다.

2. ὁ σὲ δεχόμενος δέχεται καὶ τὸν κύριον.

▶ ὁ σὲ δεχόμενος, 너를 영접하는 자. δέχομαι(받아들이다, 영접하다)는 디포넌트 동사. 여기서 δεχόμενος는 명사적(독립적)으로 사용되었다. ὁ와 δεχόμενος 사이에 인칭 대명사 σέ가 끼어들었다. σέ에 악센트가 온 것은 강조이다.
▶ 여기서 καί 는 강조(또한, … 도)

[번역] 너를 영접하는 자는 또한 주님을 영접한다.

3. ταῦτα λέγομεν τοῖς πορευομένοις εἰς τὸν οἶκον περὶ τοῦ ἐγείροντος τοὺς νεκρούς.

▶ ταῦτα λέγομεν, 우리는 이것들을 말한다.
▶ τοῖς πορευομένοις, 가는 자들에게. πορευομένοις는 현재 중간태 분사(남 · 복 · 여). 관사와 함께 명사적으로 사용되었다.
▶ εἰς τὸν οἶκον, 집 안으로.
▶ περὶ τοῦ ἐγείροντος τοὺς νεκρούς, 죽은 자들을 일으키는 자에 대해.

제18과 현재 분사. 분사의 용법

⟨περί + 속격⟩은 '… 에 대해'. ἐγείροντος는 ἐγείρω(일으키다)의 현재 능동태 분사(남·단·속). 관사와 함께 명사적으로 사용되었다. ὁ ἐγείρων은 '일으키는 자'. νεκρός는 원래 형용사로서 '죽은'(dead)이란 뜻인데, 관사와 함께 사용되어서 ὁ νεκρός는 '죽은 자'(the dead)란 뜻이다(명사적 용법).

[번역] 우리는 집 안으로 가는 자들에게 죽은 자들을 일으키는 자에 대해 이것들을 말한다.

4. ἐξερχομένοις ἐκ τῆς ἐκκλησίας λέγει ἡμῖν ταῦτα.

▶ ἐξερχομένοις, ἐξέρχομαι(나가다)의 현재 중간태 분사(남·복·여). 앞에 관사가 없으므로 서술적 용법으로 사용되었다. 이 분사는 ἡμῖν과 성수격이 일치한다. 따라서 ἐξερχομένοις의 의미상의 주어는 '우리'이다. 이 분사는 ἡμῖν의 부대 상황(부수적 동작이나 상태)을 설명한다.
▶ ἐξερχομένοις는 현재 분사이므로 '나올 때에' 또는 '나오는 동안에'로 번역된다. 진행적인 동작을 나타낸다.
▶ 이 문장 전체의 주어는 주동사(주문장의 직설법 동사)인 λέγει에 들어 있는 '그'이다.

[번역] 우리가 그 교회에서 나오고 있을 때에 그는 우리에게 이것들을 말한다.

5. αἱ ἐκκλησίαι αἱ διωκόμεναι ὑπὸ τῶν ἀρχόντων πιστεύουσιν εἰς τὸν κύριον.

▶ 여기서 διωκόμεναι는 현재 수동태 분사(여 · 복 · 주)로서, 한정적 용법으로 사용되었다. αἱ ἐκκλησίαι를 한정(수식)한다. 현재 시상이기 때문에 진행 중인 동작, 지속적인 동작 또는 원리적인 동작으로 번역한다(핍박 받고 있는 교회들).
▶ ὑπὸ τῶν ἀρχόντων, 그 통치자들에 의해.
▶ πιστεύουσιν, 현재 능동태 직설법(3복). πιστεύω εἰς는 '… 를(주님으로) 믿다'는 뜻.

[번역] 그 통치자들에 의해 핍박 받고 있는 교회들은 주님을 믿는다.

6. οἱ πιστεύοντες εἰς τὸν κύριον σῴζονται.

▶ πιστεύοντες, πιστεύω(믿다)의 현재 능동태 분사(남 · 복 · 주). 관사와 함께 사용되어 '믿는 자들'(명사적 용법).
▶ σῴζονται, σῴζω(구원하다)의 현재 수동태 직설법(3복).

[번역] 주님을 믿는 자들은 구원 받는다.

제18과 현재 분사. 분사의 용법

7. γινώσκει ὁ θεὸς τὰ γραφόμενα ἐν τῷ βιβλίῳ τῆς ζωῆς.

- γινώσκει, γινώσκω(알다)의 현재 능동태 직설법.
- γραφόμενα, γράφω(쓰다)의 현재 수동태 분사(중 · 복 · 대). τὰ γραφόμενα는 '기록되고 있는 것들'. 현재 시상이므로 진행의 뜻이 있다.
- τὸ βιβλίον τῆς ζωῆς, 생명의 책, 생명책.

[번역] 하나님은 생명책에 기록되고 있는 것들을 아신다.

8. ἐξήλθομεν πρὸς αὐτοὺς ἄγοντες τὰ τέκνα.

- ἐξήλθομεν, ἐξέρχομαι(나가다)의 아오리스트 능동태 직설법(1복).
  [기본형] ἐξέρχομα - ἐξελεύσομα - ἐξῆλθον (먼저 ἔρχομαι의 기본형을 외운 후 거기에 ἐξ를 갖다 붙이면 된다.)
- ἄγοντες, ἄγω(인도하다)의 현재 능동태 분사(남 · 복 · 주). ἄγοντες 와 성수격이 일치하는 것은 ἄγω에 숨어 있는 주어 '우리'이다. 따라서 ἄγοντες의 의미상의 주어는 '우리'이다.

[번역] 우리는 그 아이들을 인도하면서(데리고서) 그들에게로 나갔다.

9. εἴδομεν τοὺς λαμβάνοντας τὰ δῶρα ἀπὸ τῶν τέκνων.

▶ εἴδομεν(ε-ιδ-ομεν), ὁράω(보다)의 아오리스트 능동태 직설법(1복). [기본형] ὁράω - ὄψομαι - εἶδον 따라서 εἴδομεν은 인칭 어미에 관계없이 무조건 아오리스트이다.
▶ λαμβάνοντας, λαμβάνω(받다, 취하다)의 현재 능동태 분사(남·복·대). τοὺς λαμβάνοντας는 받는 자들(명사적 용법).
▶ τὰ δῶρα, 선물들(τὸ δῶρον의 복수).
▶ ἀπὸ τῶν τέκνων, 그 아이들로부터.

[번역] 우리는 그 아이들로부터 선물들을 받는 자들을 보았다.

10. οὗτός ἐστιν ὁ ἄρχων ὁ δεχόμενός με εἰς τὸν οἶκον αὐτοῦ.

▶ οὗτος, 지시 대명사(이, this). 명사적(독립적)으로 사용되었다. οὗτος의 끝 음절에 어큐트 악센트가 붙은 것은 ἐστιν이 엔클리틱이기 때문이다.
▶ δεχόμενος, δέχομαι(영접하다)의 현재 중간태 분사(남·단·주). 관사와 함께 한정적으로 사용되었다(영접하는). δεχόμενος의 끝 음절에 어큐트 악센트가 또 붙은 것은 με가 엔클리틱이기 때문이다. 즉, με가 앞 단어와 연결되어서 마치 한 단어인 것처럼 발음된다. 그런데 만일 με 앞에 악센트가 오지 않는다면 악센트 없는 음절

제18과 현재 분사. 분사의 용법

이 세 개나 되어서($\mu\epsilon$-$\nu o s$-$\mu\epsilon$) 너무 밋밋하고 이상하게 된다. 그래서 $\delta\epsilon\chi\acute{o}\mu\epsilon\nu o s$의 끝 음절($\nu o s$)에 어큐트 악센트를 하나 더 붙이게 된 것이다.

▶ 문장 제일 끝의 $a\dot{v}\tau o\hat{v}$는 인칭 대명사로서 앞에 나온 $\acute{o}$ $\ddot{a}\rho\chi\omega\nu$을 받는다.

[번역] 이 사람은 나를 그의 집 안으로 영접하는 통치자이다.

※ 메이첸이 제공해 주는 익힘 문제의 문장 중에는 헬라 사람들이 볼 때에는 이상하고 어색한 것들이 더러 있다. 이 문장 중 $\acute{o}$ $\delta\epsilon\chi\acute{o}\mu\epsilon\nu\acute{o}s$ $\mu\epsilon$에서 분사의 시상(현재)이 어색하다. 본문에는 현재 시상이 사용되었기 때문에 지속적인 동작 또는 반복적인 동작으로 이해해야 한다. 따라서 이것은 '나를 영접한 자'가 아니라 '나를(일상적으로, 늘) 영접하는 자'로 번역해야 맞다. 내용상으로는 좀 어색하지만 문법 공부라 생각하고 그대로 받아들이자.

제19과

아오리스트 능동태 · 중간태 분사
분사의 용법(계속)

A. 단어

ἀγαγών, ἄγω(인도하다)의 아오리스트 능동태 분사.

ἀπέθανον, ἀποθνήσκω(죽다)의 아오리스트 능동태 직설법(죽었다).

ἀπεκρίθην, ἀποκρίνομαι(대답하다)의 아오리스트 수동태 직설법(대답하였다).

εἰπών, λέγω(말하다)의 아오리스트 능동태 분사.

ἐλθών, ἔρχομαι(가다, 오다)의 아오리스트 능동태 분사.

ἐνεγκών, φέρω(가지고 가다, 참다)의 아오리스트 능동태 분사.

ἰδών, ὁράω(보다)의 아오리스트 능동태 분사.

B. 익힘 문제

1. λαβόντες ταῦτα παρὰ τῶν πιστευόντων εἰς τὸν κύριον ἐξήλθομεν εἰς τὴν ἔρημον.

   ▶ λαβόντες, λαμβάνω(받다, 취하다)의 아오리스트 능동태 분사(남 ·

제19과 아오리스트 능동태 · 중간태 분사. 분사의 용법(계속)

복 · 주).

주격이기 때문에 주동사인 ἐξήλθομεν의 주어와 일치한다. 아오리스트는, 그것이 직설법이든 분사이든 상관없이, 그 동작이 점(點) 동작(punctiliar action)임을 뜻한다. 곧 단회적이거나 단호한 동작 등을 뜻하는데, 어쨌든 지속적인 동작을 나타내는 현재 시상과 구별된다. 메이첸의 책에서 설명하고 있는 바와 같이 아오리스트 분사는 주동사의 시제보다 한 시제 앞선 동작을 나타낸다는 식의 설명은 영어 문법에 기초한 것으로서 헬라어 문법에는 맞지 않다. 헬라어의 아오리스트는 '과거 시제'가 아니라 동작의 모습(양상, aspect)이 '점 동작'임을 나타낸다. 따라서 λαβόντες에 대해 '취할 때에, 취했을 때에, 취하고 나서' 등으로 번역할 수 있으나 문장 속에서 가장 합당한 것을 골라야 한다. '취했을 때에'로 번역할 경우에도 그것이 과거이기 때문이 아니라 점 동작, 단회적 동작을 나타내기에 합당하기 때문에 그렇게 번역하는 것이다. '취하고 나서'로 번역할 경우에도 그것이 주동사의 시제보다 한 시제 앞선 동작을 나타내기 때문에 그런 것이 아니라, 문장 속에서 그런 번역이 자연스럽기 때문이다. 분사의 시상은 시제와 관계가 없고 오직 동작의 모양(시상)만 나타낸다.

- ▶ πιστευόντων, πιστεύω(믿다)의 현재 능동태 분사(남 · 복 · 속). 관사와 함께 명사적으로 사용되었다. οἱ πιστεύοντες, 믿는 자들; τῶν πιστευόντων, 믿는 자들의. 전치사 παρά는 속격을 지배한다 (… 로부터).

- ▶ ἐξήλθομεν, ἐξέρχομαι(나가다)의 아오리스트 능동태 직설법(1복). 우선 ἔρχομαι의 기본형을 확실히 암기하여야 한다(ἔρχομαι – ἐλεύσομαι – ἦλθον). 그러면 ἐξέρχομαι의 기본형은 ἐξέρχομαι – ἐξελεύσομαι – ἐξῆλθον이 된다.

▶ ἔρημος(ἡ, 광야)는 여성형 명사로서 마치 남성처럼 변한다 (ἔρημος, ἐρήμου, ἐρήμῳ, ἔρημον).

[번역] 주님을 믿는 자들로부터 이것들을 취하고서(취하고 나서, 취했을 때에) 우리는 광야로 나갔다.

2. πισταί εἰσιν αἱ δεξάμεναι τοὺς διωκομένους ὑπὸ τοῦ ἄρχοντος.

▶ πισταί, πιστός(신실한)의 여성 복수 주격. 서술적으로 사용되었다(신실하다).

▶ δεξάμεναι, δέχομαι(영접하다)의 아오리스트 중간태 분사(여·복·주). 이것이 아오리스트인 것은 ξα에 들어 있는 σα를 보고 알 수 있다. 여기서 δεξάμεναι는 관사와 함께 명사적으로 사용되었다(영접한 여자들).

▶ διωκομένους, διώκω(뒤쫓다, 핍박하다)의 현재 수동태 분사(남·복·대).

물론 형태상으로는 중간태도 될 수 있겠지만 여기서는 내용상 수동태 밖에 안 된다. 관사와 함께 명사적으로 사용되었다(핍박 받는 자들을, 핍박 받고 있는 자들을). 남성 복수 분사는 대개 여성을 포함한 대표 남성으로 이해된다.

▶ ὑπὸ τοῦ ἄρχοντος, 그 통치자에 의해. ὁ ἄρχων, (그) 통치자.

[번역] 그 통치자에 의해 핍박 받는 자들을 영접한 여자들은 신실하다.

3. εἴδομεν αὐτοὺς καὶ μένοντας ἐν τῷ οἴκῳ καὶ ἐξελθόντας ἐξ αὐτοῦ.

- ▶ εἴδομεν, ὁράω(보다)의 아오리스트 능동태 직설법(1복).
  [기본형] ὁράω – ὄψομαι – εἶδον(원형을 βλέπω로 볼 수도 있으나 ὁράω 로 보는 것이 더 옳다.)
- ▶ καί … καί … , … 할 때에도 … 할 때에도.
- ▶ μένοντας, μένω(머물다)의 현재 능동태 분사(남·복·대). 앞에 있는 αὐτούς와 성수격이 일치하므로 αὐτούς가 의미상의 주어가 된다(그들이 머물고 있을 때에도, 머무는 동안에도). μένοντας가 현재 시상인 것은 머무는 동작이 지속적이기 때문이다. 시제와는 아무 상관이 없다.
- ▶ ἐξελθόντας, ἐξέρχομαι(나가다)의 아오리스트 능동태 분사(남·복·대). ἐξελθ가 줄기이다. 여기의 θ는 아오리스트 수동태와는 관계가 없고 원래부터 줄기에 있는 θ이다. 이 문장에서 ἐξελθόντας가 아오리스트 시상으로 온 이유는 나가는 동작이 점 동작(단회적 동작)으로 이해되었기 때문이다.
- ※ 헬라어의 시상은 '객관적 사실'에 의해서라기보다도 말하는 자의 '주관적 판단'에 의해 결정된다. 곧 객관적으로는 짧은 시간에 일어나는 동작이라도 화자(話者)가 그것의 진행 중인 동작을 표현하고 싶으면 진행 시상을 사용하고, 객관적으로는 긴 시간에 걸쳐 일어난 사건이라도 화자가 그것

을 단순히, 역사적 사실로 표현하고 싶을 때에는 아오리스트 시상을 사용한다(이 경우의 아오리스트를 '글로벌 아오리스트'라고 부른다).

▶ 제일 마지막의 *αὐτοῦ*는 인칭 대명사로서 앞에 나오는 *τῷ οἴκῳ* (*ὁ οἶκος*)를 가리킨다(그것의).

[번역] 그들이 집 안에 머물고 있을 때에도, 집 밖으로 나갈 때에도 우리는 그들을 보았다.

4. *οἱ ἰδόντες τὸν κύριον ἦλθον πρὸς τοὺς ἀγαγόντας τὸν μαθητὴν ἐκ τοῦ ἱεροῦ.*

▶ *ἰδόντες, ὁράω*(보다)의 아오리스트 능동태 분사(남·복·주). *οἱ ἰδόντες*, 본 자들. 여기서 '본'이라고 번역한 것은 그 본 동작이 과거라서가 아니라 점 동작이기 때문이다('보는'으로 번역하면 지속적 또는 원리적 동작이 되어 버린다). 결과적으로 그 '본' 동작은 과거의 어느 시점의 동작이 되고 말았다. 메이첸이 설명한 바 소위 '주동사의 시제보다 하나 앞선 시제의 동작'이란 것은 헬라어 문법에는 전혀 맞지 않다. 주동사의 소위 '시제'와 분사의 소위 '시제'는 어느 것이 앞설 수도 있고 뒤설 수도 있고 동시적일 수도 있다. 그러나 이것은 각각의 문장에서 내용에 따라 사후에 결정되는 것이며, 사전에 어느 것이 앞선다는 원칙은 없다. 아오리스트 시상이 나타내는 바는 이런 시제(時制) 개념과는 관계가 없으며 오직 동작의 모습, 양상(Aktionsart, aspect)을 나타낼 따름이다.

▶ *ἦλθον, ἔρχομαι*(오다, 가다)의 아오리스트 능동태 직설법. 1인칭

단수와 3인칭 복수 둘 다 될 수 있으나 여기서는 주어(οἱ ἰδόντες)가 복수이므로 3인칭 복수로 보아야 한다.

　　[기본형] ἔρχομαι - ἐλεύσομαι - ἦλθον

▶ ἀγαγόντας, ἄγω(인도하다)의 아오리스트 능동태 분사(남·복·대). 기본형 변화(ἄγω - ἄξω - ἤγαγον) 중 아오리스트 직설법에서 접두 모음 ε을 떼고 인칭 어미 ον을 떼면 아오리스트 줄기 αγαγ가 나온다. 여기에 분사 꼬리를 붙이면 분사의 기본형이 된다 (ἀγαγών, ἀγαγοῦσα, ἀγαγόν).

▶ μαθητής는 남성 명사이지만 마치 여성처럼 변할 때가 많다(ὁ μαθητής, τοῦ μαθητοῦ, τῷ μαθητῇ, τὸν μαθητήν; οἱ μαθηταί, τῶν μαθητῶν, τοῖς μαθηταῖς, τοὺς μαθητάς).

[번역] 주님을 본 자들이 성전 밖으로 그 제자를 인도한 자들에게로 갔다.

5. ταῦτα εἴπομεν περὶ τοῦ σώσαντος ἡμᾶς.

▶ ταῦτα, 이것들을. τοῦτο의 복수. 여기서는 대격으로 보아야 한다 (εἴπομεν의 목적어이기 때문).

▶ εἴπομεν, λέγω(말하다)의 아오리스트 능동태 직설법(1복).

　　[기본형] λέγω - ἐρῶ - εἶπον

▶ περὶ τοῦ σώσαντος ἡμᾶς, 우리를 구원한 자에 대해. σώσαντος는 σῴζω(구원하다)의 아오리스트 능동태 분사(남·단·속). 관사와 함께 사용 되어 '구원한 자'의 뜻. 전치사 περί는 속격을 취하는

데 '대하여'의 뜻이다.

[번역] 우리는 우리를 구원한 자에 대해 이것들을 말하였다.

6. οὗτοί εἰσιν οἱ κηρύξαντες τὸ εὐαγγέλιον, ἀλλ᾽ ἐκεῖνοί εἰσιν οἱ διώξαντες τοὺς πιστεύοντας.

- ▶ οὗτοι, 지시 대명사 οὗτος의 복수. 끝 음절에 어큐트 악센트가 붙은 것은 뒤이어 오는 εἰσιν이 엔클리틱이기 때문이다.
- ▶ οἱ κηρύξαντες, 선포한 자들. κηρύξαντες는 κηρύσσω(선포하다) 의 아오리스트 능동태 분사(남 · 복 · 주).
- ▶ ἐκεῖνοι, 지시 대명사(저들).
- ▶ διώξαντες, διώκω(핍박하다)의 아오리스트 능동태 분사(남 · 복 · 주). 관사와 함께 명사적으로 사용되었다(핍박한 자들).
- ▶ πιστεύσαντας, πιστεύω(믿다)의 아오리스트 능동태 분사(남 · 복 · 대). 〈관사 + 현재 분사〉는 종종 ' … 하는 사람' 곧 어떤 사람 (신분)을 가리키는 말로 사용될 수 있다. 예) ὁ πιστεύων, 믿는 자(신 자); ὁ βαπτίζων, 세례 주는 자(세례자).

[번역] 이들은 복음을 선포한 자들이다. 그러나 저들은 믿는 자들을 핍 박한 자들 이다.

7. προσενεγκόντες τῷ κυρίῳ τὸν διωκόμενον ὑπὸ τοῦ ἄρχοντος τοῦ πονηροῦ ἀπήλθετε εἰς ἄλλον τόπον.

- προσενεγκόντες, προσφέρω(데리고 가다, 드리다)의 아오리스트 능동태 분사(남·복·주). 우선 φέρω의 기본형을 확실히 익히자 (φέρω - οἴσω - ἤνεγκα). 여기에 προς만 덧붙이면 προσφέρω의 기본형이 된다. φέρω의 아오리스트인 ἤνεγκα를 분해하면 ε-ενεγκ-α가 된다. 따라서 φέρω의 아오리스트 줄기는 ενεγκ가 된다. 여기에 분사 꼬리를 붙이면 아오리스트 분사가 된다(ἐνεγκών). 남성 복수 주격형은 ἐνεγκόντες가 된다. 여기에 προς만 덧붙이면 προσφέρω의 아오리스트 능동태 분사 남성 복수 주격형이 완성된다. 주격형이므로 주동사(ἀπήλθετε)의 주어(너희)와 일치한다. 따라서 이 분사의 의미상의 주어는 '너희'가 된다.
- διωκόμενον, διώκω(핍박하다)의 현재 수동태 분사(남·단·대). 관사와 함께 명사적으로 사용되었다.
- ὑπὸ τοῦ ἄρχοντος τοῦ πονηροῦ, 그 악한 통치자에 의해.
- ἀπήλθετε, ἀπέρχομαι(떠나가다)의 아오리스트 능동태 직설법(2복).

    [기본형] ἔρχομαι - ἐλεύσομαι - ἦλθον
- εἰς ἄλλον τόπον, 다른 장소로.

[번역] 너희는 악한 통치자에 의해 핍박 받는 자를 주님께로 인도하고 나서 다른 장소로 떠나갔다.

8. προσῆλθον τῷ κυρίῳ ἐλθόντι εἰς τὸ ἱερόν.

▶ προσῆλθον, προσέρχομαι(… 에게로 가다)의 아오리스트 능동태 직설법. 1인칭 단수도 될 수 있고 3인칭 복수도 될 수 있다.
▶ ἐλθόντι, ἔρχομαι의 아오리스트 능동태 분사(남 · 단 · 여). 앞에 나오는 τῷ κυρίῳ와 성수격이 일치한다. 따라서 이 분사의 의미상의 주어는 '주님'이 된다.
▶ εἰς τὸ ἱερόν, 성전 안으로. ἱερόν은 성소와 마당들을 포함한 성전 전체를 의미한다. 이에 비해 ναός는 성소(지성소 포함)를 가리킨다.

[번역] 주께서 성전 안으로 가셨을 때 그들은(나는) 주께로 갔다.

9. ἐπίστευσας εἰς αὐτὸν εἰπόντα ταῦτα.

▶ ἐπίστευσας, πιστεύω(믿다)의 아오리스트 능동태 직설법(2단).
▶ εἰπόντα, λέγω의 아오리스트 능동태 분사(남 · 단 · 대). 앞에 나오는 αὐτόν과 성수격이 일치한다. 따라서 분사의 의미상의 주어는 '그'이다.

[번역] 그가 이것들을 말할 때, 너는 그를 믿었다.

10. ταῦτα εἶπον ἐξελθὼν ἐκ τῆς ἐκκλησίας.

▶ εἶπον, λέγω의 아오리스트 능동태 직설법. 1인칭 단수도 될 수 있고 3인칭 복수도 될 수 있다. 그러나 3인칭 복수의 경우에 신약에서는 대개 εἶπαν을 사용한다. 여기 이 문장에서는 3인칭 복수는 될 수 없고 1인칭 단수로 보아야 한다. 왜냐하면 분사 ἐξελθών이 주격으로서 주어의 부대 상황을 설명하는데, 단수이기 때문이다.

[기본형] λέγω - ἐρῶ - εἶπον

▶ ἐξελθών, ἐξέρχομαι(나가다)의 아오리스트 능동태 분사(남 · 단 · 주). 주격이기 때문에 주동사(직설법 동사)인 εἶπον의 주어와 일치한다.

[번역] 나는(내가) 교회에서 나갈 때에 이것들을 말했다.

제20과

아오리스트 수동태 분사. 절대 속격

A. 단어

γραφείς, γράφω의 아오리스트 수동태 분사. ※ 아오리스트 수동태 분사에서 θ가 탈락되는 경우가 간혹 있는데, 이런 것을 '제2 아오리스트 수동태 분사'라고 부르기도 한다. 그러나 '제1'과 '제2'는 의미상 아무런 차이가 없다. 따라서 그런 구별은 별 의미가 없다.

ἐκεῖ, (부사) 거기에(there).

εὐθέως 또는 εὐθύς, (부사) 곧, 즉시(immediately).

ἱμάτιον, τό, 옷(garment).

οἰκία, ἡ, 집(house).

παιδίον, τό, 아이(child). ※ 여기서 ιον은 축소형 어미로서 이런 어미가 붙으면 작은 것, 귀여운 것을 나타낸다. 축소형 어미가 붙지 않은 원래 단어는 παῖς(아이)이다. 이처럼 축소형 어미가 붙으나 붙지 않으나 의미상 큰 차이가 없는 경우도 있다.

συναγωγή, ἡ, 회당(synagogue).

στρατιώτης, ου, ὁ, 군인(soldier).

φυλακή, ἡ, 파수꾼(guard), 감옥(prison). 경(更. 옛날의 시간 단위).

B. 익힘 문제

1. πορευθέντος τοῦ ἄρχοντος πρὸς τὸν κύριον οἱ δοῦλοι εἶπον ταῦτα τοῖς μαθηταῖς.

▶ πορευθέντος, πορεύομαι(가다)의 아오리스트 수동태 분사(남 · 단 · 속). πορεύομαι는 디포넌트 동사이고 πορευθέντος도 디포넌트이지만, πορευθέντος의 태를 말하자면 수동태가 된다(뜻은 중간태적 의미). 이 분사 뒤에 속격 명사 τοῦ ἄρχοντος가 와서 함께 〈절대 속격 구문〉(속격 독립 구문)을 이루고 있다. 이처럼 〈절대 속격 구문〉의 특징은 속격 분사와 속격 명사가 같이 온다는 것이다. 이 경우에 분사의 의미상의 주어는 속격으로 온 명사가 된다(그 통치자가 주님께로 갔을 때에).

▶ εἶπον, λέγω의 아오리스트 능동태 직설법(3복). 여기서는 εἶπον의 주어가 οἱ δοῦλοι이므로 3인칭 복수로 보아야 한다. 이럴 경우에 신약 성경에서는 εἶπαν이 많이 사용되고 있다.

[번역] 그 통치자가 주님께로 갔을 때에 그 종들이 그 제자들에게 이것 들을 말했다.

2. πορευθεὶς πρὸς αὐτοὺς ὁ ἄρχων ἐπίστευσεν εἰς τὸν κύριον.

▶ πορευθείς, πορεύομαι(가다)의 아오리스트 수동태 분사(남 · 단 · 주). 주격이므로 주동사(직설법 동사)의 주어와 일치한다(그가 그

들에게로 갈/갔을 때에). *πορευθείς*의 시상이 아오리스트이므로 그 가는 동작이 점 동작임을 나타낸다.

▶ *ἐπίστευσεν*, *πιστεύω*(믿다)의 아오리스트 능동태 직설법(3단). 이처럼 직설법에서는 아오리스트에서 접두 모음(ε)이 온다. 그래서 직설법에서는(그리고 직설법에서만) 아오리스트 시상은 '과거'에 있었던 점 동작 또는 단순히 과거의 사실 자체를 나타낸다. 여기서는 과거의 점 동작, 진입적 동작을 나타낸다(믿었다).

※ 여기서 아오리스트 *ἐπίστευσεν*은 어떤 사람이 '안 믿는 상태'에 있다가 '믿는 상태'로 들어오게 된 것을 말한다. 곧 회심, 회개라는 의미에서 처음 믿는 것을 말한다. 이런 것을 '진입적(進入的) 아오리스트'(ingressive aorist)라고 부른다. 우리말로는 '믿게 되었다'(came to believe, became to believe)로 번역할 수 있다. 또는 '회심'이라는 의미에서의 '믿었다'로 번역할 수 있다. 계속 믿고 있는 상태 곧 '신뢰, 의지'의 의미에서의 '믿었다'는 미완료로 표현한다.

[번역] 그 통치자가 그들에게로 갔을 때에(그는) 주님을 믿었다.

3. *πιστευσάντων ὑμῶν εἰς τὸν κύριον εὐθὺς ἐπίστευσε καὶ ὁ ἄρχων.*

▶ *πιστευσάντων ὑμῶν εἰς τὸν κύριον*, 절대 속격 구문. *πιστευσάντων*은 *πιστεύω*의 아오리스트 능동태 분사(남·복·속). 속격으로 온 *ὑμῶν*은 이 분사 구문의 의미상의 주어가 된다(너희가 주

님을 믿었을 때에).
- ▶ ἐπίστευσε, πιστεύω의 아오리스트 능동태 직설법(3단).
- ▶ καί 는 여기서 '…도'의 의미(그 통치자도).

[번역] 너희가 주님을 믿었을 때에 그 통치자도 즉시 믿었다.

4. εἰσελθόντος εἰς τὴν οἰκίαν τοῦ ἐγερθέντος ὑπὸ τοῦ κυρίου οἱ μαθηταὶ ἐθαύμασαν.

- ▶ εἰσελθόντος, εἰσέρχομαι(가다, 오다)의 아오리스트 능동태 분사(남·단·속). 분사가 관사 없이 속격으로 왔으므로 절대 속격 구문이다. 뒤에 오는 τοῦ ἐγερθέντος가 이 분사 구문의 의미상의 주어가 된다.
- ▶ ἐγερθέντος, ἐγείρω(일으키다)의 아오리스트 수동태 분사(남·단·속). 관사와 함께 명사적으로 사용되었다(일으킴을 받은 자). θε가 있어서 아오리스트 수동태임을 쉽게 알 수 있다. 직설법 외에서는 접두 모음(ἐ)이 떨어진다.
    [기본형] ἐγείρω – ἐγερῶ – ἤγειρα
            수) ἠγέρθην
- ▶ ἐθαύμασαν, θαυμάζω(놀라워하다, 기이하게 여기다)의 아오리스트 능동태 직설법(3복).

[번역] 주님에 의해 일으킴을 받은 자가 집 안으로 들어왔을 때에 그 제자들이 놀라

워했다(기이히 여겼다).

5. ἐκβληθέντος αὐτοῦ ἐκ τῆς συναγωγῆς συνήχθησαν οἱ ἄρχοντες.

- ▶ ἐκβληθέντος, ἐκβάλλω(내던지다, 내쫓다)의 아오리스트 수동태 분사 (남 · 복 · 속). αὐτοῦ와 함께 절대 속격 분사 구문을 이루고 있다 (그가 내쫓겼을 때에).
  [기본형] βάλλω – βαλῶ – ἔβαλον
  　　　　　수) ἐβλήθην
  　　　　　수 · 분) βληθείς, βληθεῖσα, βληθέν
- ▶ συνήχθησαν, συνάγω(모으다)의 아오리스트 수동태 분사(3복). 수동태가 되면 자동사적 의미(모이다)가 된다(모였다).

[번역] 그가 회당에서 내쫓겼을 때에(내쫓기고 나서) 그 통치자들이 모였다.

6. ἐκβληθέντα ἐκ τῆς συναγωγῆς ἐδίδαξεν αὐτὸν ὁ κύριος.

- ▶ ἐκβληθέντα, ἐκβάλλω의 아오리스트 수동태 분사(남 · 단 · 대). 뒤에 나오는 αὐτόν과 성수격이 일치한다. 따라서 ἐκβληθέντα의 의미상의 주어는 '그'이다.
- ▶ ἐδίδαξεν, διδάσκω(가르치다)의 아오리스트 능동태 직설법(3단).

[번역] 그가 회당에 내쫓겼을 때에 주님은 그를 가르치셨다.

7. εἰπόντος ταῦτα τοῦ πνεύματος τοῦ ἁγίου οἱ μαθηταὶ ἐκήρυξαν τὸν λόγον τοῦ θεοῦ.

▶ εἰπόντος, λέγω(말하다)의 아오리스트 능동태 분사(남 · 단 · 속). 뒤에 오는 τοῦ πνεύματος τοῦ ἁγίου와 함께 절대 속격 구문을 이루고 있다. ταῦτα는 대격으로서 εἰπόντος의 목적어가 된다(성령이 이것들을 말했을 때에).
  [기본형] λέγω - ἐρῶ - εἶπον
▶ ἐκήρυξαν, κηρύσσω(선포하다)의 아오리스트 능동태 직설법(3복).
  [기본형] κηρύσσω - κηρύξω - ἐκήρυξα

[번역] 성령이 이것들을 말했을 때에 (그) 제자들이 하나님의 말씀을 선포하였다.

8. τοῖς θεραπευθεῖσιν ὑπ᾽ αὐτοῦ εἴπετε ῥήματα ἐλπίδος καὶ ζωῆς.

▶ θεραπευθεῖσιν, θεραπεύω(고치다, 치료하다)의 아오리스트 수동태 분사(남 · 복 · 여). 관사와 함께 명사적으로 사용되었다(고침을 받은 자들에게).
※ λύω의 아오리스트 수동태 남성 복수 격 변화: λυθέντες, λυθέντων, λυθεῖσι(ν), λυθέντας

- *εἴπετε, λέγω*(말하다)의 아오리스트 능동태 직설법(2복).

  [기본형] *λέγω - ἐρῶ - εἶπον*
- *ῥήματα ἐλπίδος καὶ ζωῆς*, 소망과 생명의 말들을. *ῥήματα*는 *ῥῆμα*의 복수(중성 대격). *ἐλπίδος*는 *ἐλπίς*의 속격 (여성 단수). *ζωῆς*는 *ζωή*의 속격(여성 단수).

[번역] 그에 의해 고침을 받은 자들에게 너희는 소망과 생명의 말씀들을 말하였다.

9. *ἐλθόντος τούτου εἰς τὴν οἰκίαν αὐτοῦ εὐθέως εἴπομεν τοῖς ἄλλοις τὰ ῥήματα τὰ παραλημφθέντα ἀπὸ τοῦ κυρίου.*

- *ἐλθόντος, ἔρχομαι*(오다, 가다)의 아오리스트 능동태 분사(남·단·속). 속격이므로 뒤에 오는 속격 *τούτου*와 함께 절대 속격 구문을 이루고 있다(이 사람이 그의 집 안으로 들어올 때에). *τούτου*는 지시 대명사 *οὗτος*의 속격(남성 단수).
- *αὐτοῦ*, 인칭 대명사(3인칭 단수 속격).
- *εἴπομεν, λέγω*의 아오리스트 능동태 직설법(1복). 이 문장 전체에서 주동사가 된다.
- *παραλημφθέντα, παραλαμβάνω*(… 로부터 받다)의 아오리스트 수동태 분사(중·복·대). 여기서는 관사 *τά*와 함께 한정적으로 사용되었다.

제20과 아오리스트 수동태 분사, 절대 속격

[번역] 이 사람이 그의 집 안으로 들어갔을 때에 즉시 우리는 다른 사람들에게 주님으로부터 받은 말씀들을 말하였다.

10. βληθέντες εἰς φυλακὴν διὰ τὸ εὐαγγέλιον τὸ
    κηρυχθὲν αὐτοῖς ὑπὸ τοῦ ἀποστόλου ἐδόξασαν
    ἐκεῖ τὸν σώσαντα αὐτούς.

- βληθέντες, βάλλω(던지다)의 아오리스트 수동태 분사(남·복·주). 주격이므로 주동사(ἐδόξασαν)의 주어와 성수격이 일치한다 (그들이).

- κηρυχθέν, κηρύσσω(선포하다)의 아오리스트 수동태 분사(중·단·대). 관사와 함께 바로 앞에 있는 τὸ εὐαγγέλιον을 한정한다 (선포된 복음).

- ἐδόξασαν, δοξάζω(영화롭게 하다, 영광을 돌리다)의 아오리스트 능동태 직설법(3복). 직실법 동사이고 주문장의 동사이므로 이 문장 전체의 주동사가 된다.

- σώσαντα, σῴζω(구원하다)의 아오리스트 능동태 분사(남·단·대). 관사와 함께 명사적으로 사용되었다(구원한 자).

※ 현재형에서는 ι subscript가 오고 아오리스트형에서는 오지 않는다(17과 익힘 문제 5번 풀이 참조).

[번역] 사도에 의해 그들에게 선포된 복음 때문에 그들이 옥에 던지웠을 때 그들은 거기서 그들을 구원한 자에게 영광을 돌렸다.

제21과

가정법(假定法)

A. 단어

ἁμαρτάνω, 죄를 짓다, 범죄하다(sin).

δικαιοσύνη, ἡ, 의(righteousness).

ἐάν, (불변사) 만일(if). 가정법 동사와 함께 사용된다.

εἰ, (불변사) 만일(if). 직설법 동사와 함께 사용된다.

εὐαγγελίζομαι, 복음을 전하다(proclaim the gospel). ※ 신약에서 몇몇 경우를 제외하고는 중간태로 사용된다.

ἵνα, (접속사) … 하기 위하여(in order that). ※ 가정법 동사와 함께 사용되어 목적(purpose)을 나타내는 절을 인도한다.

λαός, ὁ, 백성(people).

λοιπός, ή, όν, (형용사) 남은(remaining). οἱ λοιποί, 남은 자들(the rest).

μακάριος, α, ον, (형용사) 복된(blessed).

μαρτυρία, ἡ, 증거(testimony).

μηδέ, 그리고 … 아니(and not), … 도 아니(nor), … 조차도 아니(not even).

※ 직설법 이외의 다른 법에서 사용된다. μηδέ … μηδέ … , … 도 아니고 …

제21과 가정법

도 아니다(neither … nor …).
μηκέτι, 더 이상 … 아니다(no longer). ※ 직설법 이외의 법에서 사용된다.
ὄχλος, ὁ, 무리, 군중(crowd).

B. 익힘 문제

1. *ἐὰν εὐαγγελισώμεθα ὑμᾶς, λήμψεσθε σωτηρίαν καὶ ἐλπίδα.*

▶ <*ἐάν* + 가정법>은 조건절(Conditional Clause)을 이룬다. "어떤 일이 일어난다면"이란 조건(eventual condition)의 경우를 나타낸다.
▶ *εὐαγγελισώμεθα, εὐαγγελίζομαι*(복음을 전하다)의 아오리스트 중간태 가정법(1복). 동사 줄기에 *σω*가 붙어서 아오리스트 가정법임을 나타낸다. 가정법은 직설법이 아니므로 시제를 나타내는 접두모음(*ε*)이 오지 않는다.
시제 접두모음은 오직 직설법에서만 온다는 사실을 꼭 기억해야 한다. 이 말은 곧 '시상'(時相, aspect)은 시제와 관계가 없다는 것을 간접적으로 증거 하기도 한다. 따라서 아오리스트 가정법은 과거와 전혀 관계가 없다. 단지 그 동작이 점동작(단회적 동작, 단호한 동작 등)임을 나타낼 뿐이다. 여기서 '복음을 전하다'는 동작은 지속적인, 진행적인 동작이 아니라 단회적인 동작, 점 동작이다. 그리고 *εὐαγγελίζομαι* 다음에는 대격이 온다(… 를 복음화하다, … 에게 복음을 전하다).
▶ *λήμψεσθε, λαμβάνω*(취하다, 받다)의 미래 중간태 직설법(2복). 이

처럼 현재형에서는 능동태이나 미래에서 중간태인 경우도 있다.

[기본형] λαμβάνω - λήμψομαι - ἔλαβον

▶ ἐλπίς (ἡ), ἐλπιδός, ἐλπίδι, ἐλπίδα, 소망.

[번역] 만일 우리가 너희에게 복음을 전한다면, 너희는 구원과 소망을 얻을 것이다.

2. ἐὰν μὴ δέξησθε τὴν μαρτυρίαν ἡμῶν, οὐ σωθήσεσθε.

▶ δέξησθε, δέχομαι(영접하다)의 아오리스트 중간태 가정법(2복). 이것이 아오리스트인 것은 줄기의 ξη에 들어 있는 ση를 보고 알 수 있다. 가정법의 특징은 직설법과 비교했을 때 연결 모음이 길어지는 것이다(o → ω, ε → η). 아오리스트 가정법은 여기에 σ가 하나 더 붙는다(σω, ση). 〈ἐάν + 가정법〉은 궁극적 조건(eventual condition)을 나타내는 조건절이 된다(너희가 만일 … 영접한다면/받아들인다면). 가정법을 부정할 때에는 μή가 사용된다.

▶ σωθήσεσθε, σῴζω(구원하다)의 미래 수동태 직설법(2복). θησ를 보고 미래 수동태임을 알 수 있다. 그리고 연결 모음(ε)이 길어지지 않고 짧은 그대로 있으므로 직설법임을 알 수 있다. 물론 아오리스트 수동태 가정법은 2인칭 복수에서 -θῆτε가 온다(σωθῆτε). 미래 가정법은 없다.

▶ 직설법을 부정할 때에는 οὐ가 사용되고 그 외의 경우에서는 μή가 사용된다.

[참고] 너희가 우리의 증거를 받아들이느냐 받아들이지 않느냐 하는 것은 가

제21과 가정법

정의 세계이다. 이럴 수도 있고 저럴 수도 있는 가능한 세계이다. 이에 비해 "구원 받지 못할 것이다."는 것은 앞의 조건이 성취될 때, 그렇다면 너희는 구원 받지 못할 것이라는 사실의 세계, 현실의 세계를 나타낸다. 따라서 앞의 조건문에서는 가정법을 사용하고, 뒤의 귀결문에서는 직설법을 사용하였다. 앞의 조건문에 사용된 아오리스트 동사는 과거 시제와는 전혀 관계가 없으며 단지 그 '받아들이는' 동작이 점 동작임을 나타낸다. 가정법의 세계는 현실의 세계가 아니므로 시간 개념이 아예 없다. 그러나 동작의 모양을 나타내는 '시상'(정확하게는 '양상', aspect) 개념은 모든 법에서 다 나타난다(가정법, 희구법, 분사, 명령법, 부정사 등). 시제 개념은 오직 직설법에서만 나타난다는 것을 기억하라. 시제 접두 모음(ϵ)이 과거의 시간임을 나타낸다. 직설법 외에서는 시간 개념이 사라지므로 시제 접두 모음이 붙지 않는 것이다.

[번역] 만일 너희가 우리의 증거를 받아들이지 않는다면, 너희는 구원 받지 못할 것이다.

3. ἐὰν μὴ ἴδῃ οὗτος τὸν κύριον, οὐ πιστεύσει εἰς αὐτόν.

▶ ἴδῃ, ὁράω(보다)의 아오리스트 능동태 가정법(3단). 기본형 변화 (ὁράω - ὄψομαι - εἶδον)에서 세 번째 나오는 것이 아오리스트인데, 그 줄기는 ιδ이다. 따라서 ὁράω의 아오리스트 능동태 가정법은 아오리스트 능동태 줄기 ιδ를 가지고 만든다.

ἴδω   ἴδωμεν
ἴδῃς   ἴδητε
ἴδῃ   ἴδωσι(ν)

[참고] 여기서 아오리스트(ἴδῃ)가 사용된 것은 그 보는 동작이 점 동작이기 때문이다. 즉, 지속적이거나 반복적인 동작이 아니기 때문이다. 과거 시제와는 관계가 없다. 따라서 아오리스트를 '부정 과거'니 '단순 과거'로 번역하는 것도 옳지 않다. '아오리스트'(aorist)는 '정해지지 않은, 부정(不定)의'란 뜻이다. 따라서 굳이 우리말로 번역한다면 '부정 시상(不定時相)'으로 번역할 수 있겠다. 그러나 여기서 '부정'(不定, undetermined)이란 말은 '부정'(否定, negative)과 혼동되므로 좋은 용어가 아니다. 따라서 우리는 그냥 '아오리스트'로 부르기로 한다. 영미 사람들도 그냥 aorist라 부르며, past tense라고 부르지 않는다. 따라서 한국에서 많이 사용하는 '부정 과거' 또는 '단순 과거'란 용어는 명백한 오류라 하겠다.

▶ πιστεύσει, πιστεύω(믿다)의 미래 능동태 직설법(3단).

[번역] 만일 이 사람이 주님을 보지 않는다면, 그는 그(= 주님)를 믿지 않을 것이다.

4. εἰ κηρύσσεται ἡμῖν ὅτι ἀγαθός ἐστιν ὁ κύριος, ἀγαθοὶ ὦμεν καὶ ἡμεῖς, ἵνα διδάσκωμεν τοὺς λοιπούς.

▶ κηρύσσεται, κηρύσσω(선포하다)의 현재 수동태 직설법(3단). 〈εἰ + 직설법〉은 현실적 조건(real condition) 또는 단순한 조건

제21과 가정법

(simple condition)을 나타낸다. 선포되고 있다는 것이 사실인데, 그 사실을 전제하고서 "그것이 사실이라면"(if it is true that …)의 의미를 지니고 있다. 그것이 사실, 현실이기 때문에 직설법이 사용되었다.

- ὅτι, 여기서는 목적절(object clause)을 인도하는 접속사이다(that).
- ὦμεν, εἰμί의 현재 가정법. εἰμί의 가정법은 현재 가정법밖에 없다. 그리고 εἰμί 동사는 태를 따지지 않는다. 굳이 따지자면 의미상으로는 중간태라고 할 수 있다. 조건문이 아닌 귀결문에서, 또는 조건문이 없이 그냥 주문장에서 1인칭 복수 가정법 동사가 사용되면 이것은 '청원'(hortative)을 나타낸다. 이런 경우의 가정법을 '청원의 가정법'이라고 부른다. 뜻은 "… 합시다."
- καὶ ἡμεῖς, 우리도. 여기서 καί 는 '… 도'의 의미.
- ⟨ἵνα + 가정법⟩은 목적절이 된다(… 하기 위하여, in order that …). διδάσκωμεν은 현재 능동태 가정법이다. 연결 모음 ω가 긴 것을 보고 가정법임을 알 수 있다.
- τοὺς λοιπούς, 다른 사람들을. λοιπός, ή, όν은 형용사로서 '남은, 남아 있는'의 뜻. 관사와 함께 명사적으로 사용되었다(남은 사람들, 나머지 사람들, 다른 사람들).

[번역] 만일 주님이 선하시다는 것이 우리에게 전파되고 있다면(전파되고 있는데 그렇다면), 우리도 다른 사람들을 가르치기 위해 선하게 됩시다.

5. εὐηγγελισάμην αὐτοὺς ἵνα σωθῶσιν καὶ ἔχωσιν ζωήν.

▶ εὐηγγελισάμην, εὐαγγελίζομαι(복음을 전하다)의 아오리스트 중간태 직설법(1단). 부사 εὐ(전치사처럼 원줄기 앞에 붙었음) 다음에 접두 모음 ε이 와서 모음 α와 결합하여 η가 되었다. 그리고 줄기에 꼬리 -σάμην이 붙은 것은 아오리스트 중간태 직설법임을 기억하자 (cf. ἐλυσάμην).
▶ <ἵνα + 가정법>은 목적절이 된다(… 하기 위하여).
▶ σωθῶσιν, σῴζω(구원하다)의 아오리스트 수동태 가정법(3복). θῶ를 보고서 아오리스트 수동태 가정법임을 안다. 가정법이기 때문에 또한 접두 모음이 없다. 만일 이것이 직설법이라면, ἐσώθησαν이 되어야 한다.
▶ ἔχωσιν, ἔχω(가지고 있다)의 현재 능동태 가정법(3복). 연결 모음 ω를 보고 가정법임을 안다. 만일 직설법이라면 연결 모음이 ου가 된다(ἔχουσιν). 제일 끝의 ν는 직설법과 가정법에서 붙을 수도 있고 떨어질 수도 있다(움직이는 ν, movable ν).

[참고] ἔχωσιν이 현재 시상으로 온 것은 영생을 가지고 있는 것은 지속적인 동작이기 때문이다. 이에 반해 σωθῶσιν이 아오리스트 시상으로 온 것은 구원 받는 동작은 점 동작, 단회적 동작이기 때문이다.

[번역] 그들이 구원 받고 또 생명을 가지게 하기 위하여 나는 그들에게 복음을 전하였다.

제22과

부정사(不定詞)

A. 단어

δεῖ, (비인칭 동사. 3인칭에서만 사용된다). … 하는 것이 필요하다(it is necessary), … 해야만 한다(ought to, must). ※ 대격과 부정사를 취한다.

ἔξεστι(ν), (비인칭 동사) … 하는 것이 합당하다(it is right, proper).

θέλω, 원하다(will).

Ἰησοῦς, Ἰησοῦ, ὁ, 예수(Jesus).

Ἰουδαῖος, ὁ, 유대인(Jew).

κελεύω, 명령하다(command).

κώμη, ἡ, 마을(village).

μέλλω, … 하려 한다(be about to), … 할 예정이다(be going to).

ὀφείλω, 빚지다(owe), 마땅히 … 해야 한다(ought to).

πάσχω, 겪다, 고난받다(suffer).

πρό, (전치사) … 앞에(before).

σωτηρία, ἡ, 구원(salvation).

Φαρισαῖος, ὁ, 바리새인(Pharisee)

Χριστός, ὁ, 그리스도(Christ).

B. 익힘 문제

1. οὐκ ἔξεστίν σοι ἔχειν αὐτήν.

- ▶ ἔξεστιν, 합당하다(it is right, it is proper). 비인칭 동사. 곧 항상 3인칭 단수로만 사용되는 동사이다. 뒤에 오는 여격 σοι는 '너에게'. ἔξεστιν에 연결된다.
- ▶ ἔχειν, ἔχω(가지다, 가지고 있다)의 현재 능동태 부정사(infinitive). 현재 부정사이므로 지속적인 상태로서 '가지고 있는 것' 또는 원리적으로, 일반적으로 '가지는 것'을 의미한다.
- ▶ αὐτήν, 인칭 대명사로서 '그 여자'. 또는 앞 문장에 사물을 나타내는 어떤 여성형 명사(예를 들면 ἀλήθεια, βασιλεία, δόξα 등)가 와서 그 것을 받는다면 '그것'으로 번역해야 한다.

[번역] 그 여자를 가지는 것은 너에게 합당하지 않다.

2. κελεύσας δὲ τοὺς ὄχλους ἀπολυθῆναι ἐξῆλθεν εἰς τὴν ἔρημον.

- ▶ κελεύσας, κελεύω(명령하다)의 아오리스트 능동태 분사(남 · 단 · 주). 주격이므로 주동사(직설법 동사)인 ἐξῆλθεν의 주어와 일치한다.
- ▶ δέ, 내용상 의미의 전환을 나타내는 접속사이다(그런데, 그러나). 문장의 제일 처음에는 올 수 없다(후치사).

제22과 부정사

- ▶ ἀπολυθῆναι, ἀπολύω(풀어 주다, 해산하다)의 아오리스트 수동태 부정사. 부정사의 주어는 대격으로 온다. 따라서 τοὺς ὄχλους가 부정사의 주어가 된다.
- ▶ ἐξῆλθεν, ἐξέρχομαι(나가다)의 아오리스트 능동태 직설법(3단). ἔρχομαι의 기본형을 확실히 외워 두자(ἔρχομαι - ἐλεύσομαι - ἦλθον).

[번역] 그런데 (그가) 무리들이 해산되도록 명령하고 나서 그는 광야로 나갔다.

3. οὐκ ἔστιν καλὸν λαβεῖν τὸν ἄρτον τῶν τέκνων καὶ ἐκβαλεῖν αὐτόν.

- ▶ καλόν, 좋다, 선하다.
- ▶ λαβεῖν, λαμβάνω(취하다)의 아오리스트 능동태 부정사. 이 부정사는 이 문장에서 주어 역할을 한다(취하는 것이).
- ▶ ἄρτον, 빵.
- ▶ ἐκβαλεῖν, ἐκβάλλω(내던지다)의 아오리스트 능동태 부정사. 이 문장에서 λαβεῖν과 함께 주어가 된다. βάλλω의 기본형 변화를 꼭 외워 두자(βάλλω - βαλῶ - ἔβαλον). 미래와 아오리스트에서 λ가 하나밖에 없음에 주의하라.
  ἐκβάλλω의 기본형은 다음과 같이 된다. ἐκβάλλω - ἐκβαλῶ - ἐξέβαλον
- ▶ αὐτόν, 여기서는 앞의 τὸν ἄρτον을 받는다(그것).

[번역] 아이들의 빵을 취하여 그것을 내던지는 것은 좋지(선하지) 않다.

4. ἤρξατο δὲ ὁ Ἰησοῦς λέγειν τοῖς Ἰουδαίοις ὅτι δεῖ αὐτὸν ἀπελθεῖν.

- ▶ ἤρξατο, ἄρχομαι(시작하다)의 아오리스트 중간태 직설법(3단). λύω의 아오리스트 중간태 직설법 변화를 잘 외워 두자.
- ▶ Ἰησοῦς, 고유 명사. 앞에 관사가 오기도 하고 안 오기도 한다. 격 변화(格變化)도 알아 두자. Ἰησοῦς, Ἰησοῦ, Ἰησοῦ, Ἰησοῦν. 속격과 여격의 형태가 같다. Ἰησοῦς는 원래 히브리어 '여호슈아', '에슈아'의 헬라어 음역이다. 뜻은 "여호와는 구원이시다."이다.
- ▶ λέγειν, λέγω의 현재 능동태 부정사.
- ▶ ὅτι, 여기서는 목적절을 인도한다(… 라는 것을, … that).
- ▶ δεῖ, 비인칭 동사. 3인칭 단수형만 사용된다. 뜻은 ' … 하여야 한다.'
- ▶ αὐτόν, 인칭 대명사(그). 앞에 나온 ὁ Ἰησοῦς를 받는다.
- ▶ ἀπελθεῖν, ἀπέρχομαι(떠나가다)의 아오리스트 능동태 부정사. 아오리스트에서 줄기가 변하는 동사의 경우 부정사가 되면 줄기에 ειν을 붙인다. 악센트가 뒤로 가고 써컴플렉스가 된 것에 주의하라. 여기서 ἀπελθεῖν은 앞의 δεῖ에 연결된다.

[번역] 그런데 예수는 유대인들에게 그(자기)가 떠나가야 한다고 말하기 시작하였다.

5. μέλλει γὰρ ὁ υἱὸς τοῦ ἀνθρώπου ἔρχεσθαι ἐν δόξῃ μετὰ τῶν ἀγγέλων αὐτοῦ.

▶ μέλλει, μέλλω(장차 … 하다)의 현재 능동태 직설법(3단).
▶ γάρ, 이유를 나타내는 접속사(for). 가벼운 이유를 나타내며 경우에 따라 번역하지 않을 수도 있다.
▶ ὁ υἱὸς τοῦ ἀνθρώπου, 사람의 아들, 인자(人子). 사람의 아들은 곧 사람을 의미한다. 예수님이 자기 자신을 가리킬 때 많이 사용하였다.
▶ ἔρχεσθαι, ἔρχομαι(오다, 가다)의 현재 중간태 부정사. 앞의 μέλλει에 연결된다.
▶ ἐν δόξῃ, 영광 중에, 영광 가운데.
▶ μετὰ τῶν ἀγγέλων αὐτοῦ, 그의 천사들과 함께. 〈μετά + 속격〉은 '… 와 함께'.

[번역] 인자는 영광 중에 그의 천사들과 함께 올 것이다. (이는 인자가 영광 중에 그의 천사들과 함께 올 것임이니라.)

제23과

단축 동사

A. 단어

ἀγαπάω, 사랑하다(love). 순수한 이타적인 사랑을 가리킨다.
ἀκολουθέω, 따르다(follow). 목적어로 여격을 취한다.
Γαλιλαία, ἡ, 갈릴리(Galilee).
δηλόω, 드러내다(make manifest).
εὐλογέω, 1) 복을 주다(provide with benefits); 2) 복을 빌다, 축복하다
       (bless); 3) 좋게 말하다(speak well of), 찬양하다(praise).
εὐχαριστέω, 감사하다(give thanks).
ζητέω, 찾다(look for), 추구하다(seek).
θεωρέω, 주목하여 보다(observe).
καλέω, 부르다(call).
    [기본형] καλέω – καλέσω – ἐκάλεσα
                  (아오리스트 수동태는 ἐκλήθην)
λαλέω, 말하다(speak).
παρακαλέω, 권면하다(exhort), 위로하다(comfort).
περιπατέω, 걷다(walk), 행하다(do).
ποιέω, 만들다(make), 하다(do).

제23과 단축 동사

προσκυνέω, 경배하다(worship). 목적어로 대개 여격을 취한다.

σταυρόω, 십자가에 못 박다(crucify).

τηρέω, 지키다(keep).

τιμάω, 영예롭게 하다(honor).

φιλέω, 좋아하다(like). 친구 사이의 우정 또는 상대방에 대한 친밀감을 나타낸다.

χώρα, ἡ, 시골(country), 마을(region).

B. 익힘 문제

1. οὐκ εὐλογήσει ὁ θεὸς τὸν μὴ περιπατοῦντα κατὰ τὰς ἐντολὰς τοῦ Ἰησοῦ.

   ▶ εὐλογήσει, εὐλογέω(복 주다, 축복하다)의 미래 능동태 직설법(3단). 끝이 -εω로 끝나는 동사는 미래나 아오리스트가 되면 ε이 η로 길어진다. εὐλογέω 동사는 다음 두 가지 뜻이 있다. 1) 복 주다, 복을 내리다; 2) 복을 빌다, 축복하다. 하나님이 주어가 될 때에는 1)의 뜻, 사람이 주어가 될 때에는 대개 2)의 뜻이 된다.

   ▶ περιπατοῦντα, περιπατέω(걷다, 행하다)의 현재 능동태 분사(남 · 단 · 대).
   관사와 함께 명사적으로 사용되었다. ὁ περιπατῶν, 걷는 자, 행하는 자; ὁ μὴ περιπατῶν, 걷지 않는 자, 행하지 않는 자. περιπατῶν의 제일 끝 음절에 써컴플렉스 악센트가 오는 것은 이 동사의 원형이 -εω로 끝나는 단축 동사(Contract Verb)이기 때문이다.

▶ *ἐντολάς, ἐντολή*(*ἡ*, 계명)의 복수 대격. *κατά*는 여기서 ' … 을 따라'의 뜻.
▶ *οὐ(οὐκ, οὐχ)*는 직설법에 사용되고 *μή*는 그 외의 경우에 사용된다.

[번역] 하나님은 예수의 계명들 대로 행하지 않는 자를 복 주시지 않을 것이다.

2. *οἱ ἀγαπώμενοι ὑπὸ τοῦ Ἰησοῦ ἀγαπῶσι τὸν ἀγαπῶντα αὐτούς.*

▶ *ἀγαπώμενοι, ἀγαπάω*(사랑하다)의 현재 수동태 분사(남·복·주). *οἱ ἀγαπώμενοι*는 '사랑 받는 자들'을 뜻한다. *-αω*로 끝나는 동사이기 때문에 수동태 분사에서 *-ομενοι*가 *-ωμενοι*로 되었다(*ο*가 *ω*로 길어졌다).
▶ *ἀγαπῶσι, ἀγαπάω*의 현재 능동태 직설법(3복). *-αω*로 끝나는 단축 동사이기 때문에 보통 *-ουσι(ν)*로 끝나는 어미가 *-ῶσι(ν)*가 되었다. 그리고 악센트가 *ω* 위에 오면서 써컴플렉스가 되었다.
▶ *ἀγαπῶντα, ἀγαπάω*의 현재 능동태 분사(남·단·대). *ὁ ἀγαπῶν*은 '사랑하는 자'.
  [격 변화] *ὁ ἀγαπῶν, τοῦ ἀγαπῶντος, τῷ ἀγαπῶντι, τὸν ἀγαπῶντα*
▶ *αὐτούς*, 앞의 *οἱ ἀγαπώμενοι (ὑπὸ τοῦ Ἰησοῦ)*를 받는다.

제23과 단축 동사

[번역] 예수에 의해 사랑받는 자들은 그들을 사랑하는 자를 사랑한다.

3. λαλοῦντος τοῦ Ἰησοῦ τοῖς ἀκολουθοῦσιν ἤρξατο ὁ ἄρχων παρακαλεῖν αὐτὸν ἀπελθεῖν.

▶ λαλοῦντος, λαλέω(말하다)의 현재 능동태 분사(남 · 단 · 속). 이어서 나오는 속격 명사와 함께 절대 속격 구문을 이루고 있다. 속격으로 오는 τοῦ Ἰησοῦ가 이 분사 구문의 주어가 된다. -εω로 끝나는 동사(단축 동사)이기 때문에 λουν에 써컴플렉스 악센트가 왔다.

▶ ἀκολουθοῦσιν, ἀκολουθέω(따르다)의 현재 능동태 분사(남 · 복 · 여). 제일 끝의 ν는 움직이는 ν이다. θου에 써컴플렉스 악센트가 온 것은 이 동사가 원래 εω로 끝나는 단축 동사이기 때문이다.

▶ ἤρξατο, ἄρχομαι(시작하다)의 아오리스트 중간태 직설법(3단). λύω의 아오리스트 중간태 직설법 변화를 확실히 암기해 두자.

▶ παρακαλεῖν, παρακαλέω(권면하다)의 현재 능동태 부정사. -εω로 끝나는 단축 동사이기 때문에 악센트가 뒤에 오고 써컴플렉스가 되었다(cf. λύειν).

▶ ἀπελθεῖν, ἀπέρχομαι(떠나가다)의 아오리스트 능동태 부정사.
　[기본형] ἀπέρχομαι - ἀπελεύσομαι - ἀπῆλθον
　　　　　　　　　　부정사) ἀπελθεῖν

[참고] ἔρχομαι의 아오리스트 줄기는 ἐλθ이다. 여기에서 부정사 꼬리 ειν을 붙인다. 주의할 것은 여기에 λύω의 아오리스트 부정사 꼬리인 σαι를 붙이면 안 된다는 것이다. ἐλθ가 이미 아오리스트 줄기이므로 아오리스트가 분명한데 또다

시 아오리스트를 나타내는 꼬리를 붙일 필요가 없다.

따라서 현재 부정사 꼬리를 붙이는데, 다만 악센트만 오른쪽으로 이동하고 써컴플렉스 악센트를 붙여 준다.

[번역] 예수께서 그 따르는 자들에게 말씀하고 계실 때에 그 통치자는 그에게 떠나라고 권면하기 시작하였다.

4. ἀκολουθήσαντες τῷ λαλήσαντι ταῦτα ζητήσωμεν τὸν οἶκον αὐτοῦ.

- ▶ ἀκολουθήσαντες, ἀκολουθέω(따르다)의 아오리스트 능동태 분사(남·복·주). 주격이므로 분사의 주어는 주동사(ζητήσωμεν)의 주어와 일치한다(우리가 따를 때에).
- ▶ λαλήσαντι, λαλέω(말하다)의 아오리스트 능동태 분사(남·단·여). 앞의 관사와 함께 명사적으로 사용되었다(말한 자). ἀκολουθέω 동사는 여격을 취한다.
- ▶ ζητήσωμεν, ζητέω(찾다, 추구하다)의 아오리스트 능동태 가정법 (1복). 주문장(主文章)에서 가정법이 사용되고 또 그것이 1인칭 복수이면 '청원법'이 된다(… 합시다). ζητήσωμεν에서 σω를 보고서 이것이 아오리스트 가정법임을 안다. 만일 σω 대신에 σο가 왔다면 미래 직설법이 될 것이다.
- ▶ αὐτοῦ, 인칭 대명사(그의). 앞의 τῷ λαλήσαντι ταῦτα를 받는다.

제23과 단축 동사

[번역] 이것들을 말한 자를 따라가서 그의 집을 찾아봅시다.

5. εἰ ἀγαπῶμεν τὸν θεόν, τηρῶμεν τὰς ἐντολὰς αὐτοῦ καὶ ποιῶμεν τὰ λαλούμενα ἡμῖν ὑπὸ τοῦ Ἰησοῦ.

▶ ἀγαπῶμεν, ἀγαπάω(사랑하다)의 현재 능동태 직설법(1복). εἰ와 함께 사용되어 '현실적 조건'(real condition)을 나타낸다. 직설법이므로 사실을 나타낸다. 우리가 하나님을 사랑하고 있다는 것은 사실이다. "우리가 하나님을 사랑하고 있는데, 만일 그렇다면"이란 뜻이다. 그리고 ἀγαπῶμεν에서 ω는 αο가 단축되어 된 것이다(직설법의 ο가 가정법이 되어서 ω가 된 것이 아니다). 그리고 단축 동사이기 때문에 단축되어서 길어진 모음이 생긴 곳에 써컴플렉스 악센트를 붙였다. 물론 이 경우엔 가정법이 되어도 α + ω → ῶ가 되어서 직설법과 모양이 똑같다(ἀγαπῶμεν). 그러나 접속사 εἰ는 직설법과 함께 사용되므로, 여기서는 직설법이 맞다(가정법은 ἐάν과 함께 사용된다.)

[참고] 우리나라 헬라어 문법책에서 말하고 있는 '단축 동사'란 말은 사실 말이 맞지 않다. 여기서 ω는 α와 ο가 만나서 '단축'된 것이 아니다(ω는 짧은 모음이 아니라 긴 모음이다). '축약'되었다(영어로는 contraction). 그런데 우리나라에서 처음에 잘못 번역된 용어가 퍼져서 대세를 장악하게 되었다. 그래서 지금 당장 고치기는 어렵지만, 오해를 초래하게 되는 문제점은 그대로 남아 있다. 가능하다면 '축약 동사'라고 부르면 좋을 것이다.

▶ τηρῶμεν, τηρέω(지키다)의 현재 능동태 가정법(1복). 주문장에서

가정법이 1인칭 복수에 사용되었으므로 청원법이다. 참고로 $\tau\eta\rho\acute{\epsilon}\omega$ 동사의 현재 능동태 직설법 1인칭 복수는 $\tau\eta\rho o\hat{\upsilon}\mu\epsilon\nu$이다. 따라서 -$\epsilon\omega$로 끝나는 단축 동사는 직설법과 가정법이 분명히 구별된다.

▶ $\pi o\iota\hat{\omega}\mu\epsilon\nu$, $\pi o\iota\acute{\epsilon}\omega$(만들다, 행하다)의 현재 능동태 가정법(1복). $\tau\eta\rho\hat{\omega}\mu\epsilon\nu$과 마찬가지로 청원법이다(행합시다).

▶ $\lambda\alpha\lambda o\acute{\upsilon}\mu\epsilon\nu\alpha$, $\lambda\alpha\lambda\acute{\epsilon}\omega$(말하다)의 현재 수동태 분사(중·복·대). 관사와 함께 명사적으로 사용되었다(말해지는 것들을).

[번역] 만일 우리가 하나님을 사랑한다면(이건 사실이다), 우리는 그의 계명들을 지키고 또 예수에 의해 우리에게 말해지는 것들을 행합시다.

제24과

유음 동사. 재귀 대명사

A. 단어

ἀλλήων, (상호 대명사) 서로의(of each other, of one another).

ἀποθανοῦμαι, ἀποθνῄσκω(죽다)의 미래. ※ 미래에서는 중간태(디포)가 된다.

 [기본형] ἀποθνῄσκω - ἀποθανοῦμαι - ἀπέθανον

ἀποκτενῶ, ἀποκτείνω(죽이다)의 미래; ἀπέκτεινα, ἀποκτείνω의 아오리스트.

 [기본형] ἀποκτείνω - ἀποκτενῶ - ἀπέκτεινα

ἀποστελῶ, ἀποστέλλω(파송하다)의 미래; ἀπέστειλα, ἀποστέλλω의 아오리스트.

 [기본형] ἀποστέλλω - ἀποστελῶ - ἀπέστειλα

ἀρῶ, αἴρω(들어 올리다, 치우다)의 미래; ἦρα, αἴρω의 아오리스트.

 [기본형] αἴρω - ἀρῶ - ἦρα

βαλῶ, βάλλω(던지다)의 미래.

 [기본형] βάλλω - βαλῶ - ἔβαλον

ἑαυτοῦ, (재귀 대명사). 자기 자신의(of himself).

ἐγερῶ, ἐγείρω(일으키다)의 미래; ἤγειρα, ἐγείρω의 아오리스트.

[기본형] ἐγείρω – ἐγερῶ – ἤγειρα

ἐμαυτοῦ, (재귀 대명사) 나 자신의(of myself).

ἐπί, (전치사) 1) (+ 속격) 위에(on, upon), 때에(at the time of);

  2) (+ 여격) 위에(on), 에(at), 에 기초하여(on the basis of);

  3) (+ 대격) 위에(on), 로(to), 동안에(during) 등.

※ 이처럼 ἐπί는 대단히 많은 뜻을 가지고 있으나 가장 기본적인 개념은 어떤 물체의 표면 '위에'이다.

ἔσομαι, εἰμί(이다, 있다)의 미래.

μενῶ, μένω(머물다)의 미래; ἔμεινα, μένω의 아오리스트.

  [기본형] μένω – μενῶ – ἔμεινα

μετανοέω, 회개하다(repent), 회심하다(be converted). ※ 원래 어원적 의미는 '마음을 바꾸다'(change one's mind)이다.

σεαυτοῦ, (재귀 대명사) 너 자신의(of yourself).

σπείρω, (씨를) 뿌리다(sow).

  [기본형] σπείρω – σπερω – ἔσπειρα(수 ἐσπάρην)

φοβέομαι, (디포. 수동태) 두려워하다(fear, be afraid).

B. 익힘 문제

1. οὐ γὰρ ἑαυτοὺς κηρύσσομεν ἀλλὰ Χριστὸν Ἰησοῦν κύριον, ἑαυτοὺς δὲ δούλους ὑμῶν διὰ Ἰησοῦν.

  ▶ ἑαυτούς, 재귀 대명사(Reflexive Pronoun). 원래는 3인칭 복수(남

제24과 유음 동사. 재귀 대명사

대) 재귀 대명사이나 1인칭과 2인칭 복수로도 사용되게 되었다. 여기서는 1인칭 복수로 사용되었다(ἑαυτούς = ἡμᾶς ἑαυτούς). 뜻은 '우리 자신을'.

▶ κηρύσσομεν, κηρύσσω(선포하다)의 현재 능동태 직설법(1복).

  [기본형] κηρύσσω – κηρύξω – ἐκήρυξα

▶ Χριστὸν Ἰησοῦν κύριον, 그리스도 예수 주를. 또는 Χριστὸν Ἰησοῦν을 목적어로, κύριον을 목적 보어로 보아서 "그리스도 예수를 주로"로 볼 수도 있다. 이어서 나오는 문장을 보면 이 후자의 경우가 옳다고 생각된다.

▶ ἑαυτούς, 앞에 나온 ἑαυτούς와 마찬가지로 1인칭 재귀 대명사 대신에 사용되었다(우리 자신을).

▶ δούλους ὑμῶν, 너희의 종들로. 여기서는 ἑαυτούς의 목적 보어로 보아야 한다.

▶ διὰ Ἰησοῦν, 예수를 인하여. <διά + 대격>은 '… 을 인하여, … 때문에'.

[번역] 우리는 우리 자신을 전파하지 않고 그리스도 예수를 주로 전파하며, 예수를 인하여 우리 자신을 너희의 종들이라고 전파한다 (이는 우리가 … 전파함이라.)

2. ὁ ἐγείρας τὸν κύριον Ἰησοῦν ἐγερεῖ καὶ ἡμᾶς σὺν Ἰησοῦ.

▶ ἐγείρας, ἐγείρω(일으키다)의 아오리스트 능동태 분사(남·단·주). 우선 이 동사의 기본형을 정확히 익히도록 하자(ἐγείρω –

ἐγερῶ - ἤγειρα). 아오리스트형에서 접두 모음과 인칭 어미를 빼고 나면 줄기 ἐγειρ가 남는다. 따라서 아오리스트 줄기는 현재 줄기와 같음을 알 수 있다. 그러나 현재 분사는 ἐγείρων이 되고 아오리스트 분사는 ἐγείρας가 된다(cf. λύσας). 이처럼 줄기의 끝이 λ, μ, ν, ρ로 끝나는 유음 동사(Liquid Verbs)에서는 아오리스트 분사에서 σας가 붙지 않고 ας만 붙는 경우가 많다(즉, σ가 탈락된다). 따라서 이 경우엔 분사 꼬리 ας를 보고 아오리스트 분사임을 알게 된다. ὁ ἐγείρας는 '일으킨 자'. 이 문장에서 주어가 된다.

▶ ἐγερεῖ, ἐγείρω(일으키다)의 미래 능동태 직설법(3단). 줄기에서 모음이 ἐ로 짧아진 것에 주의하라. 그리고 제일 끝 음절에 써컴플렉스 악센트가 붙었다. 이런 형태의 미래를 Attic Greek에서 많이 나타난다고 하여 Attic future라고 부른다.

 [기본형] ἐγείρω - ἐγερῶ - ἤγειρα

▶ καὶ ἡμᾶς, 우리도(또한 우리를). 여기서 καί 는 ' … 도'의 의미.

[번역] 주 예수를 일으키신 분이 우리도 예수와 함께 일으키실 것이다.

3. εἶπεν ὁ μαθητὴς ὅτι ἀποθανεῖται ὑπὲρ τοῦ Ἰησοῦ.

▶ εἶπεν, λέγω(말하다)의 아오리스트 능동태 직설법(3단).
 [기본형] λέγω - ἐρῶ - εἶπον
▶ ὅτι, 여기서는 목적절(명사절)을 인도하는 접속사이다(that).
▶ ἀποθανεῖται, ἀποθνῄσκω(죽다)의 미래 중간태 직설법(3단). 기본

형을 잘 외워 두자. ἀποθνῄσκω - ἀποθανοῦμαι - ἀπέθανον (미래에서 중간태가 되었다. 그리고 미래와 아오리스트에서 유음 동사가 되었다.)
- ὑπὲρ τοῦ Ἰησοῦ, 예수를 위하여. ⟨ὑπέρ + 속격⟩은 '… 위하여, … 대신하여'의 뜻.

[번역] 그 제자는 그가(자신이) 예수를 위해 죽을 것이라고 말했다.

4. οὐκ ἐγεροῦμεν αὐτοὶ ἑαυτούς, ὁ δὲ Ἰησοῦς ἐγερεῖ ἡμᾶς ἐν τῇ ἐσχάτῃ ἡμέρᾳ.

- ἐγεροῦμεν, ἐγείρω (일으키다)의 미래 능동태 직설법(1복). 유음 동사로서 미래에서 σ가 오지 않고 써컴플렉스 악센트만 왔다(Attic future).

    [기본형] ἐγείρω - ἐγερῶ - ἤγειρα

- αὐτοί, 인칭 대명사로서 여기서는 동사에 숨어 있는 주어를 강조하는 역할을 한다(우리 자신이, 우리가 친히).
- ἑαυτούς, 3인칭 복수 재귀 대명사. 여기서는 1인칭 복수를 대신하여 사용되었다(우리 자신을).
- ἐγερεῖ, ἐγείρω (일으키다)의 미래 능동태 직설법(3단).
- ἐν τῇ ἐσχάτῃ ἡμέρᾳ, 마지막 날에. 형용사 ἔσχατος, ἐσχάτη, ἔσχατον (마지막의)의 악센트 변화에 주의하자.

[번역] 우리가 친히 우리 자신을 일으키지 않을 것이다. 예수께서 우리를 마지막 날에 일으키실 것이다.

5. εὐθὺς ἦρεν ὁ πονηρὸς τὸ παρὰ τὴν ὁδὸν σπαρέν.

- εὐθύς, 곧, 즉시.
- ἦρεν, αἴρω(치우다, 제거하다)의 아오리스트 능동태 직설법(3단).
  [기본형] αἴρω - ἀρῶ - ἦρα (유음 동사)
- ὁ πονηρός, 악한 자.
- παρὰ τὴν ὁδόν, 길 옆에. <παρά + 대격>은 '옆에, 곁에, 외에'의 뜻.
- σπαρέν, σπείρω(뿌리다)의 아오리스트 수동태 분사(중 · 단 · 대). 먼저 기본형을 살펴보아야 한다. σπείρω - σπερῶ - ἔσπειρα(유음 동사). 아오리스트 수동태 직설법 기본형은 ἐσπάρην이다(θ가 탈락된 형태로, 이런 것을 문법학자들은 '제2아오리스트 수동태'라고 부르나 별 의미는 없다). 따라서 아오리스트 수동태 분사는 아오리스트 수동태 줄기인 σπαρ를 가지고 만든다. σπαρείς, σπαρεῖσα, σπαρέν (cf. λυθείς, λυθεῖσα, λυθέν). 따라서 τὸ σπαρέν은 뿌려진 것.

[번역] 악한 자는 길가에 뿌려진 것을 즉시 치웠다(제거하였다).

제25과

제3 명사 변화 및 제3 형용사 변화 보충

A. 단어

ἀληθής, ές, (형용사) 참된(true).

ἀνήρ, ἀνδρός, ὁ, 성인 남자(man), 남편(husband).

ἀρχιερεύς, ἀρχιερέως, ὁ, 대제사장(high priest).

βασιλεύς, βασιλέως, ὁ, 왕(king).

γένος, γένους, τό, 종족(race), 종류(kind).

γραμματεύς, γραμματέως, ὁ, 서기관(scribe).

ἔθνος, ἔθνους, τό, 민족(nation); 복수 τὰ ἔθνη, 민족들(nations), 이방인들(Gentiles).

ἱερεύς, ἱερέως, ὁ, 제사장(priest).

μήτηρ, μητρός, ἡ, 어머니(mother).

ὄρος, ὄρους, τό, 산(mountain).

πατήρ, πατρός, ὁ, 아버지(father).

πίστις, πίστεως, ἡ, 믿음(faith).

πλήρης, ες, (형용사) 충만한(full).

πόλις, πόλεως, ἡ, 시, 도시(city).

χάρις, χάριτος, ἡ, 은혜(grace).

B. 익힘 문제

1. ἀληθῆ ἐστι τὰ λαλούμενα ὑπὸ τοῦ ἱερέως τούτου.

▶ ἀληθῆ, 형용사 ἀληθής, ές(참된)의 중성 복수 주격. ἀληθής의 변화는 제법 까다롭다. 변화표(이 책의 부록 §18)를 자주 보고 익히도록 하자.

[참고] 형용사 ἀληθής는 남성과 여성이 단복수와 모든 격에서 완전히 동일하며, 중성(ἀληθές)은 따로 변한다. 특별한 것은 남성/여성의 단수 대격과 중성 복수 주격과 대격이 ἀληθῆ로서 같다는 것이다. 여기 이 문장에 중성 복수 주격으로 보아야 한다.

▶ λαλούμενα, λαλέω(말하다)의 현재 수동태 분사(중 · 복 · 주). 관사 τά와 함께 명사적으로 사용되었다(말해지는 것들).

▶ ἱερέως, ἱερεύς(ὁ, 제사장)의 단수 속격. 격 변화는 ἱερεύς, ἱερέως, ἱερεῖ, ἱερέα; ἱερεῖς, ἱερέων, ἱερεῦσι(ν), ἱερεῖς.

▶ τούτου, 지시 대명사 οὗτος의 남성 단수 속격.

[번역] 이 제사장에 의해 말해지는 것들은 참되다.

2. συνελθόντων τῶν ἀρχιερέων καὶ γραμματέων ἵνα ἀποκτείνωσι τὸν ἄνδρα τοῦτον, προσηύξαντο οἱ μαθηταὶ ἐν τῷ ἱερῷ.

제25과 제3 명사 변화. 제3 형용사 변화 보충

- συνελθόντων, συνέρχομαι(함께 오다)의 아오리스트 능동태 분사 (남 · 복 · 속). 절대 속격 구문이다. 분사의 의미상의 주어는 뒤따라 오는 속격 τῶν ἀρχιερέων καὶ γραμματέων이다.
- ἀρχιερέων, ἀρχιερεύς(ὁ, 대제사장)의 복수 속격.
- γραμματέων, γραμματεύς(ὁ, 서기관)의 복수 속격.
- ἵνα, 가정법 동사와 함께 목적절(purpose clause)을 인도한다(⋯ 하기 위하여).
- ἀποκτείνωσι, ἀποκτείνω(죽이다)의 아오리스트 능동태 가정법 (3복).

형태상으로는 현재 시상도 될 수 있고 아오리스트 시상도 될 수 있으나, 내용상 아오리스트 시상이 옳다. 먼저 기본형을 살펴보자.

[기본형] ἀποκτείνω – ἀποκτενῶ – ἀπέκτεινα

따라서 아오리스트 줄기도 현재 줄기와 마찬가지로 ἀποκτειν이 된다. 여기서 아오리스트 가정법은 원래 σω가 덧붙어야 하지만, 유음 동사이므로 σ가 탈락하고 ω만 덧붙었다. 그래서 현재 가정법과 모양이 같아지고 말았다. 그러나 '죽이다'는 동사는 지속적인 동작이 아니라 점 동작이기 때문에 여기서는 아오리스트가 맞다.

- ἄνδρα, ἀνήρ(ὁ, 남자)의 단수 대격(ἀνήρ, ἀνδρός, ἀνδρί, ἄνδρα; ἄνδρες, ἀνδρῶν, ἀνδράσι(ν), ἄνδρας).
- προσηύξαντο, προσεύχομαι(기도하다)의 아오리스트 중간태 직설법(3복). προς 다음에 접두 모음 ε이 붙어서 원줄기의 ευ와 합하여 ηυ가 되었다. 그리고 원래의 χ가 σ와 합하여 ξ가 되었다. λύω의 아오리스트 중간태직설법 변화를 다시금 확실히 암기하도록 하자

($ἐλυσάμην, …$).

▶ $ἱερῷ, ἱερόν$($τό$, 성전)의 단수 여격. 참고로 $ἱερόν$은 마당을 포함한 성전(temple)을 뜻하고 $ναός$는 성소(holy place)를 뜻한다.

[번역] 대제사장들과 서기관들이 이 사람을 죽이려고 함께 왔을 때에 제자들은 성전 안에서 기도하였다.

3. $ἀπεκρίθη ὁ βασιλεὺς ὁ ἀγαθὸς λέγων ὅτι οὐ θέλει ἀποκτεῖναι τοῦτον$.

▶ $ἀπεκρίθη, ἀποκρίνομαι$(대답하다)의 아오리스트 수동태 직설법(3단). 디포넌트 동사로서 현재와 미래에서는 중간태이나 아오리스트에서는 수동태이다. 그러나 뜻은 태에 관계없이 항상 능동이다.
  [기본형] $ἀποκρίνομα - ἀποκρινοῦμαι - ἀπεκρίθην$ (또는 $ἀπεκρινάμην$)
  아오리스트에서 수동태형 외에 중간태형도 사용된다.

▶ $βασιλεύς, ὁ$, 왕. $ὁ βασιλεὺς ὁ ἀγαθός$는 '선한 왕'이란 뜻. $ὁ ἀγαθός$가 $ὁ βασιλεύς$를 한정한다.

▶ $λέγων, λέγω$(말하다)의 현재 능동태 분사(남·단·주). $ὅτι$절 이하를 목적어로 취한다. 영어의 "…, saying"에 해당하는데, 직접 화법의 인용을 나타내는 따옴표(" … ")와 비슷한 역할을 한다.

▶ $ὅτι, λέγω$의 목적어절을 인도한다. $ὅτι$에는 직설법 동사가 사용된다.

▶ $θέλει, θέλω$(원하다, will)의 현재 능동태 직설법(3단). 내용상 관계

되는 동사를 취할 때에는 부정사를 취한다.
- ▶ ἀποκτεῖναι, ἀποκτείνω(죽이다)의 아오리스트 능동태 부정사. 유음 동사이기 때문에 σ가 탈락하였다(cf. λῦσαι). 현재 능동태 부정사가 되면 ἀποκτείνειν이 된다. 내용상으로도 아오리스트가 맞다.

[번역] 그 선한 왕은 그가(자기가) 이 사람을 죽이려 하지 않는다고 말하면서 대답했다(그 선한 왕은 대답하여 말하기를 … 라고 하였다).

4. χάριτι δὲ ἐσώθησαν ἐκεῖνοι οἱ ἁμαρτωλοὶ καὶ ἠγέρθησαν ἐν δόξῃ.

- ▶ χάριτι, χάρις(ἡ, 은혜)의 단수 여격. 격 변화를 주의 깊게 살펴보자. χάρις, χάριτος, χάριτι, χάριν (복수는 거의 사용되지 않으므로 생략) 여기서 여격은 '수단의 여격'(dative of means)으로서 '은혜로'란 뜻이다.
- ▶ ἐσώθησαν, σῴζω(구원하다)의 아오리스트 수동태 직설법(3복). 현재형에서는 반드시 ι subscript가 와야 한다(17과의 익힘 문제 5번 풀이 참조).
- ▶ ἐκεῖνοι, 여기서는 한정적으로 사용되어서 οἱ ἁμαρτωλοί를 한정한다(저 죄인들).
- ▶ ἠγέρθησαν, ἐγείρω(일으키다)의 아오리스트 수동태 직설법(3복).
    [기본형] ἐγείρω - ἐγερῶ - ἤγειρα
    수) ἠγέρθην

[번역] 저 죄인들은 은혜로 구원 받았으며 영광 중에 일으킴 받았다.

5. τῇ γὰρ χάριτι σῳζόμεθα διὰ πίστεως ἵνα δοξάζωμεν τὸν θεόν.

- τῇ χάριτι, 그 은혜로. 수단의 여격이다.
- σῳζόμεθα, σῴζω(구원하다)의 현재 수동태 직설법 (1복).
- διὰ πίστεως, 믿음으로(by faith), 믿음을 통하여, 믿음이라는 방법으로.
- 〈ἵνα + 가정법〉은 목적절(Purpose Clause)을 인도한다(… 하기 위하여). δοξάζωμεν은 δοξάζω(영화롭게 하다, 영광을 돌리다)의 현재 능동태 가정법(1복). 장모음 ω가 가정법임을 나타내 주고 있다.

[번역] 우리는 하나님을 영화롭게 하기 위하여 그 은혜로, 믿음으로 구원 받는다(γάρ를 살려서 번역하면, 이는 우리가 하나님을 영화롭게 하기 위하여 그 은혜로, 믿음으로 구원 받음이라).

제26과

πᾶς, πολύς, μέγας. 수사 등

A. 단어

δύο, 둘(two).
εἷς, μία, ἕν, 하나(one).
ἕξ, 여섯(six).
ἔτος, ἔτους, τό, 해(年, year).
ἤ, 또는(or).
ἤθελον, θέλω(원하다)의 미완료 직설법. ※ 접두 모음이 ϵ이 아니고 η가
　　　된 것은 원래 θέλω의 현재형의 또 다른 형태는 ἐθέλω였기 때문이다.
Ἰάκωβος, ὁ, 야고보.
καθαρός, ά, όν, (형용사) 깨끗한(clean).
μέγας, μεγάλη, μέγα, (형용사) 큰(great).
μηδείς, μηδεμία, μηδέν, 아무도(아무것도) … 아니다(no one, nothing).
　　　직설법 외에서 사용된다.
ὀλίγος, η, ον, (형용사) 적은(a little), 약간의(a few).
οὐδείς, οὐδεμία, οὐδέν, 아무도(아무것도) … 아니다(no one, nothing).
　　　직설법에 사용된다.
πᾶς, πᾶσα, πᾶν, (형용사) 모든, 온(all), … 마다(every).

πεντακισχίλιοι, 오천(five thousand).

πέντε, 다섯(five).

πλῆθος, πλήθους, τό, 많은 무리(multitude).

πολύς, πολλή, πολύ, (형용사) 많은(many, much). ※ 여성형에 주의하라(λ가 두 개이다).

πούς, ποδός, ὁ, 발(foot).

στάδιον, τό, 1) 스타디움(이 경우에 복수는 τὰ στάδια), 2) 스타디온(길이의 단위. 약 192m; 이 경우에 복수는 οἱ στάδιοι).

τέσσαρες, τέσσαρα, 넷(four).

τρεῖς, τρία, 셋(three).

ὡς, (부사) 1) … 처럼, … 와 같이(as); 2) (수사와 같이 사용될 때) 대략, 정도(about).

B. 익힘 문제

1. μείνας σὺν αὐτῷ ἔτη τρία ἦλθεν εἰς ἐκείνην τὴν πόλιν.

▶ μείνας, μένω(머물다)의 아오리스트 능동태 분사(남·단·주). μένω는 유음 동사이다. 기본형(μένω - μενῶ - ἔμεινα)을 보면 아오리스트 줄기는 μειν임을 알 수 있다. 여기서 분사를 만들면 σ가 없이 바로 ας가 붙는다(cf. λύσας). 여기서 분사 μείνας는 서술적으로 사용되었다. 주격이므로 주동사 ἦλθεν의 주어와 일치한다.

▶ ἔτη, ἔτος(τό, 해, year)의 복수 대격. 격 변화는 다음과 같다(ἔτος,

제26과 πᾶς, πολύς, μέγας. 수사 등

ἔτους, ἔτει, ἔτος; ἔτη, ἐτῶν, ἔτεσι(ν), ἔτη). 여기서 대격은 '공간과 시간의 한도를 나타내는 대격'(accusative of extent of space and time)이다.

▶ τρία, 셋(three). τρεῖς(남성, 여성), τρία(중성)의 변화는 메이첸의 책 부록 §588에서 찾을 수 있다(또는 박창환, §529).

▶ ἦλθεν, ἔρχομαι(오다, 가다)의 아오리스트 능동태 직설법(3단).

[기본형] ἔρχομαι - ἐλεύσομαι - ἦλθον

▶ εἰς ἐκείνην τὴν πόλιν, 저 도시로. 여기서 ἐκείνην은 τὴν πόλιν을 한정한다.

[번역] 그와 함께 3년을 머물렀을 때에(머물고 나서) 그는 저 도시로 갔다(여기서 앞의 '그'와 뒤의 '그'는 서로 다른 사람이다).

2. ἰδὼν δὲ τοὺς ἐν τῇ μεγάλῃ πόλει ἔγραψε καὶ τοῖς ἐν τῇ μικρᾷ.

▶ ἰδών, ὁράω(보다)의 아오리스트 능동태 분사(남·단·주). 서술적으로 사용되었으며, 그 의미상의 주어는 주동사 ἔγραψε의 주어와 일치한다.

[기본형] ὁράω - ὄψομαι - εἶδον(따라서 아오리스트 줄기는 ιδ이다.)

▶ τοὺς ἐν τῇ μεγάλῃ πόλει, 전치사구(ἐν τῇ μεγάλῃ)가 관사와 함께 사용되어 마치 형용사가 관사와 함께 사용된 것과 같은 형태이다. τούς가 남성이므로 '… 있는 사람들'을 가리킨다(큰 도시에 있는 사

람들을).

- ▶ *ἔγραψε*, *γράφω*(쓰다, 기록하다)의 아오리스트 능동태 직설법 (3단).
- ▶ 여기서 *καί* 는 '…도'의 뜻.
- ▶ *τοῖς ἐν τῇ μικρᾷ*, 작은 도시에 있는 사람들에게. *μικρᾷ* 다음에 *πόλει*가 생략되었다. 〈관사 + 전치사구〉의 형태이다.

[번역] 큰 도시에 있는 사람들을 보고서(보았을 때, 보고 나서) 그는 작은 도시에 있는 사람들에게도 (글을) 썼다.

3. *πορευθέντες δὲ οἱ τοῦ Ἰακώβου σταδίους ὡς πέντε εἶδον τὸν Ἰησοῦν καὶ πάντας τοὺς μετ' αὐτοῦ μαθητάς.*

- ▶ *πορευθέντες*, *πορεύομαι*(가다)의 아오리스트 수동태(디포) 분사 (남·복·주). 이 분사의 의미상의 주어는 *οἱ τοῦ Ἰακώβου*이다.
- ▶ *οἱ τοῦ Ἰακώβου*, 야고보의 사람들, 야고보에게 속한 사람들.
- ▶ *σταδίους*, *στάδιοι*(*οἱ*, 복수)의 대격. *στάδιοι*는 길이의 단위로서 1 스타디온=600 헬라 피트=625 로마피트=약 607 영미 피트=약 192 미터. 단수인 *στάδιον*은 중성으로서, 복수가 되면 중성인 *τὰ στάδια*와 남성인 *οἱ στάδιοι* 두 종류가 있다. 단수 *στάδιον*은 장소적인 의미(스타디움)와 거리적 의미(스타디온)로 사용되며, 거리적 의미로는 복수에서 남성형이 사용된다.
- ▶ *ὡς πέντε*, 5 (스타디온) 쯤(about five). 여기서 *ὡς*는 '약, 대략'을 나

타낸다.

- εἶδον, ὁράω(보다)의 아오리스트 능동태 직설법(3 복).
  [기본형] ὁράω - ὄψομαι - εἶδον
- καί, 여기서 καί는 '그리고, … 와/과'의 의미.
- πάντας τοὺς μετ' αὐτοῦ μαθητάς, 그와 함께 있는 모든 제자들. πάντας는 πᾶς의 남성 복수 대격(πᾶς, πᾶσα, πᾶν의 변화를 잘 외워 두자). πᾶς가 관사 있는 명사 앞에 오면 '온, 모든(all)'의 뜻. 예) πᾶσα ἡ πόλις, 온 도시(all the city). 여기서 μετ' αὐτοῦ는 마치 형용사처럼 사용되었다(그와 함께 있는).

[번역] 야고보의 사람들이 약 5 스타디온 쯤 갔을 때 그들은 예수와 및 그와 함께 있는 모든 제자들을 보았다.

4. ἀκούσαντες δὲ ταῦτα πάντα οἱ ἐν τῇ συναγωγῇ εἶπον ὅτι θέλουσιν ἰδεῖν τὸν ταῦτα ποιοῦντα.

- ἀκούσαντες, ἀκούω(듣다)의 아오리스트 능동태 분사(남·복·주).
- ταῦτα πάντα, 이 모든 것들을(중성 복수 대격).
- οἱ ἐν τῇ συναγωγῇ, 회당에 있는 사람들. 전치사구가 관사와 함께 마치 형용사의 명사적 용법처럼 사용되었다. 이 경우에는 관사 οἱ 다음에 ἄνθρωποι(사람들)가 생략되었다고 보면 된다.
- εἶπον, λέγω(말하다)의 아오리스트 능동태 직설법(3복).

[기본형] λέγω – ἐρῶ – εἶπον

- ὅτι, 여기서 ὅτι는 εἶπον의 목적어절을 인도하는 접속사이다. ὅτι 절에는 직설법이 온다.
- θέλουσιν ἰδεῖν, 그들이 보기 원한다(they want to see). 여기서 θέλουσιν은 직설법. ἰδεῖν은 아오리스트 능동태 부정사.
- τὸν ταῦτα ποιοῦντα, 이것들을 행하는 자를. τὸν ποιοῦντα는 '행하는 자'(one who does/is doing). ποιοῦντα는 ποιέω(만들다, 행하다)의 현재 능동태 분사(남·단·대). 단축 동사이므로 모음과 써 컴플렉스 악센트에 주의하라(ὁ ποιῶν, τοῦ ποιοῦντος, τῷ ποιοῦντι, τὸν ποιοῦντα; οἱ ποιοῦντες, τῶν ποιούντων, τοῖς ποίουσι(ν), τοὺς ποιοῦντας). 〈관사 + 현재 분사〉는 ' ⋯ (반복적으로, 일상적으로) 행하는 자'.

[번역] 회당에 있는 사람들이 이 모든 것을 들었을 때에, 그들은 이것들을 행하는 자를 보기 원한다고 말하였다.

5. ἐθαύμασεν πᾶν τὸ πλῆθος ἐν τῷ βλέπειν αὐτοὺς τὰ ποιούμενα ὑπὸ τοῦ Ἰησοῦ.

- ἐθαύμασεν, θαυμάζω(놀라워하다, 기이히 여기다)의 아오리스트 능동태 직설법.
- πᾶν τὸ πλῆθος, 온 무리(all the crowd).
- ἐν τῷ βλέπειν, 보는 동안에. 〈ἐν τῷ + 현재 부정사〉는 " ⋯ 하고

제26과 *πᾶς, πολύς, μέγας*. 수사 등

있는 동안에". 지속적인 동작을 나타낸다.
- *αὐτούς*, 대격으로서 부정사의 주어가 된다(그들이). 부정사의 주어는 '대격'으로 온다는 사실은 매우 중요하므로 잘 알아 두자.
- *τὰ ποιούμενα*, 행해지는 것들을, 행해지고 있는 것들을. *ποιούμενα*는 현재 수동태 분사 (중·복·대).
- *ὑπὸ τοῦ Ἰησοῦ*, 예수에 의해.

[번역] 온 무리가 예수에 의해 행해지는 것들을 보고 있는 동안에(보고 있을 때에), 그들(온 무리)은 기이히 여겼다(놀라워했다).

제27과

의문 대명사. 부정 대명사
관계 대명사
조건적 관계절

A. 단어

αἰτέω, 구하다, 간구하다(ask).

εἰ, … 인지(whether). 간접 화법에 사용된다. 조건절에 사용되는 εἰ (if) 는 앞에 나왔다.

ἐπερωτάω, 묻다, 질문하다(ask), 구하다(request).

ἐρωτάω, 묻다, 질문하다(ask), 구하다(request).

ἐσθίω, 먹다(eat). 미래는 φάγομαι, 아오리스트는 ἔφαγον.

   [기본형] ἐσθίω – φάγομαι – ἔφαγον

καρπός, ὁ, 열매(fruit).

κρίσις, κρίσεως, ἡ, 판단, 심판(judgment).

ὅπου, (장소를 나타내는 관계 부사) … 하는 곳에(where).

ὅς, ἥ, ὅ, (관계 대명사) who, which. ※ 악센트에 주의.

ὅταν (ὅτε + ἄν), … 할 때는 언제든지(whenever). 가정법과 함께 사용된다.

ὅτε, (관계 부사) … 할 때에(when).

제27과 의문 대명사. 부정 대명사. 관계 대명사.조건적 관계절

οὖν, (접속사) 그러므로(therefore).

πίνω, 마시다(drink). 미래는 πίομαι, 아오리스트는 ἔπιον.

　　[기본형] πίνω - πίομαι - ἔπιον

ποῦ, (의문 부사) 어디에(where)?

πῶς, (의문 부사) 어떻게, 어찌하여(how)?

τίς, τί, (의문 대명사) 누가(who)? 무엇이(what)?

τις, τι, (부정 대명사) 어떤 사람(someone), 어떤 것(something).

　※ 여기서 '부정(不定)'이란 '정해지지 않은, 불특정의'(indefinite)란 뜻이다.

B. 익힘 문제

1. ὃς ἐὰν μὴ δέξηται ὑμᾶς τοῦτον οὐ δέξεται ὁ βασιλεύς.

- ▶ ὃς ἐάν + 가정법, … 하는 자는 누구든지(whosoever, whoever …). 여기서 ἐάν은 원래 고전 헬라어(Classical Greek)에서 ἄν이 사용되던 것인데, 코이네 헬라어(Hellenistic Greek)에서는 ἐάν도 많이 사용되었다. 이처럼 〈관계 대명사 + ἄν(ἐάν) + 가정법〉은 '조건적 관계절'(Conditional Relative Clause)이라고 불린다.

- ▶ δέξηται, δέχομαι (영접하다)의 아오리스트 중간태 가정법(3단). 장모음 η가 있어서 가정법임을 알 수 있다. 그리고 ξ 안에 σ가 들어 있는 것을 보고 아오리스트임을 알 수 있다. 가정법을 부정할 때에는 μή가 사용된다.

- ▶ τοῦτον, 이 사람을(οὗτος의 단수 대격). 앞에 나온 ὃς ἐὰν μὴ δέ-

ξηται ὑμᾶς 전체를 받는다. 곧 '너희를 영접하지 않는 자는 누구든지 이(그) 사람을'이란 뜻이다.
- δέξεται, δέχομαι의 미래 중간태 직설법(3단). 주어는 ὁ βασιλεύς이다.

[번역] 누구든지 너희를 영접하지 않는 자는, 이(그) 사람을 왕이 영접하지 않을 것이다.

2. ἃ ἐὰν ποιήσωμεν ὑμῖν, ποιήσετε καὶ ὑμεῖς ἡμῖν.

- ἃ ἐάν + 가정법, … 하는 것들은 무엇이든지(whatever …). ἃ가 중성 복수 관계 대명사(대격)이므로, ' … 하는 것들은 무엇이든지'로 번역한다.
여기서 ἐάν은 원래 ἄν이 사용되던 것인데, 코이네 헬라어에서 ἄν 대신에 많이 사용되게 되었다. 관계 대명사 ἅ는 이 관계절에서 ποιήσωμεν의 목적어이다. 따라서 대격으로 보아야 한다.
- ποιήσωμεν, ποιέω(만들다, 행하다)의 아오리스트 능동태 가정법(1복). σω를 보고 아오리스트 가정법임을 안다. 만약 미래 직설법이었다면 σο가 되었을 것이다.
- ποιήσετε, 미래 능동태 직설법(2복). ποιέω는 단축 동사이기 때문에 모음이 η로 변했다.

  [기본형] ποιέω - ποιήσω - ἐποίησα

- καὶ ὑμεῖς, 너희도. καί 는 강조.

[번역] 우리가 너희에게 무엇을 하든지 간에 그것들을 너희도 우리에게 행할것이다.

3. ἐρωτήσαντός τινος αὐτοὺς τί φάγῃ ἀπεκρίθησαν αὐτῷ λέγοντες ὅτι δεῖ αὐτὸν φαγεῖν τὸν ἄρτον τὸν ἐν τῷ οἴκῳ.

▶ ἐρωτήσαντος, ἐρωτάω(묻다, 질문하다)의 아오리스트 능동태 분사(남·단·속). 절대 속격 구문이다. 의미상의 주어는 속격으로 온 τινος이다. 그리고 ἐρωτάω 동사는 목적어로 대격을 취한다.

▶ τινος, 부정(不定) 대명사(Indefinite Pronoun) τις의 남성 단수 속격이다(τις, τινος, τινι, τινα; τινες, τινων, τισι(ν), τινας). 이 단어는 엔클리틱이브로 대개 악센트가 오지 않는다. 악센트가 올 경우엔 뒷 음절에 온다(엔클리틱의 악센트 규칙은 복잡하다. 메이첸, 제8과 §92를 보라.)

▶ τί φάγῃ, 그가 무엇을 먹어야 할지를. 여기서 τί는 의문 대명사이다(중·단·대). 의문 대명사이기 때문에 악센트가 항상 어큐트이다(그레이브로 바뀌지 않는다). φάγῃ는 ἐσθίω(먹다)의 아오리스트 능동태 가정법(3단). 기본형은 다음과 같다. ἐσθίω - φάγομαι - ἔφαγον(줄기가 완전히 바뀌고 태가 달라지니 확실히 암기하여야 한다.) 여기의 φάγῃ는 아오리스트 줄기 φαγ에 가정법(3단) 꼬리 ῃ가 붙은 형태이다. 혹 이것이 미래 중간태 2인칭 단수는 될 수 없는가라고 생각할 수 있다. 물론 형태는 똑같지만, 이 문장에서 "그에게 대답하였다"(ἀπεκρίθησαν αὐτῷ)라고 말하기 때문에 3인칭이 와야 옳다. 그리고 여기서 가정법 φάγῃ는 '고려의 가정법'(Deliberative

Subjunctive)이라고 하여 " … 하여야 할지"의 뜻이 된다. 머릿속에서 무엇을 하여야 할지 '고려, 숙고, 생각'하는 것을 나타낸다.
- ▶ ἀπεκρίθησαν, ἀποκρίνομαι(대답하다)의 아오리스트 수동태 직설법 (3복).
- ▶ λέγοντες, λέγω(말하다)의 현재 능동태 분사(남 · 복 · 주). 이어서 나오는 ὅτι 이하의 내용을 인용하는 역할을 한다.
- ▶ δεῖ, 하여야 한다. 비인칭 동사이다(3단).
- ▶ φαγεῖν, ἐσθίω(먹다)의 아오리스트 능동태 부정사.
  * ἐσθίω - φάγομαι - ἔφαγον(아오리스트 줄기 φαγ에서 부정사 꼬리 ειν이 붙었다. 악센트는 뒤로 가고 써컴플렉스가 붙었다.) 그리고 αὐτόν은 부정사 φαγεῖν의 주어이다.
- ▶ τὸν ἐν τῷ οἴκῳ, 집 안에 있는. 한정적으로 사용되어 앞에 있는 τὸν ἄρτον을 수식한다.

[번역] 어떤 사람이 그들에게 그가 무엇을 먹어야 할지를 물었을 때, 그들이 그에게 대답하여 말하기를 그는 집 안에 있는 빵을 먹어야 한다고 하였다.

제27과 의문 대명사. 부정 대명사. 관계 대명사.조건적 관계절

4. τίνος ἔσται ταῦτα πάντα ἐν τῇ ἐσχάτῃ ἡμέρᾳ;

- τίνος, 악센트가 앞에 붙어 있으므로 의문 대명사이다. τίς의 남성/여성 단수 속격(누구의, 누구의 것).
- ἔσται, εἰμί의 미래 직설법(3단). εἰμί 동사는 원래 태가 없다.
- ταῦτα πάντα, 이 모든 것들은. 중성 복수 주격으로 보아야 한다.
- ἐν τῇ ἐσχάτῃ ἡμέρᾳ, 마지막 날에.

[번역] 이 모든 것들은 마지막 날에 누구의 것이 되겠느냐?

5. ὅταν ἔλθῃ ὁ υἱὸς τοῦ ἀνθρώπου τίνες ἔσονται οἱ πιστεύοντες;

- ὅταν, … 할 때에는 언제든지(whenever). ὅτε ἄν이 줄어서 된 단어이다. 가정법이 온다. 그러나 그냥 '할 때에'(when)의 의미로도 많이 쓰인다.
- ἔλθῃ, ἔρχομαι(오다, 가다)의 아오리스트 능동태 가정법(3단).
- ὁ υἱὸς τοῦ ἀνθρώπου, 사람의 아들(인자). 이 표현 자체의 뜻은 그냥 '사람'을 가리키는 것이지만, 복음서에서는 예수님이 자기 자신을 가리키는 데 많이 사용하였다.
- τίνες, τίς의 남성 복수 주격(누구, who). 여기서는 ἔσονται의 보어로 보아야 한다. 왜냐하면 οἱ πιστεύοντες가 주어로 와 있기 때문이다.

- ▶ ἔσονται, εἰμί의 미래 직설법(3복).
- ▶ οἱ πιστεύοντες, 믿는 자들. 〈관사 + 현재 분사〉는 종종 '… 하는 사람'을 나타낸다.

[번역] 인자가 올 때에 믿는 자들이 누가 있겠느냐?

제28과

명령법

A. 단어

ἁγιάζω, 거룩하게 하다(hallow, sanctify).

ἀγρός, ὁ, 들, 밭(field).

γῆ, ἡ, 땅(earth).

ἐγγύς, (부사) 가까이(near).

ἐλεέω, 불쌍히 여기다(have mery on, pity).

ὅσος, η, ον, (관계 형용사) … 만큼 큰(as great as), … 만큼 많은(as much as, as many as).

ὅστις, ἥτις, ὅ τι, οἵτινες, αἵτινες, ἅτι, (부정 관계 대명사) … 하는 자는 누구든지(whoever), … 하는 것은 무엇이든지(whatever).

※ 거의 주격으로만 사용된다. 종종 단순한 관계 대명사 ὅς와 거의 같은 의미로 사용된다. 단수 중성은 접속사 ὅτι와 구별하기 위해 ὅ τι로 쓴다(cf. Bauer, Liddell-Scott).

οὖς, ὠτός, τό, 귀(ear).

ὀφθαλμός, ὁ, 눈(eye).

σκότος, σκότους, τό, 어두움(darkness).

ὕδωρ, ὕδατος, τό, 물(water).

φῶς, φωτός, τό, 빛(light).

B. 익힘 문제

1. ἐὰν δὲ μὴ ἀκούσῃ, παράλαβε μετὰ σοῦ ἔτι ἕνα ἢ δύο.

- ▶ ἐάν, 가정법과 함께 사용되어 조건절을 이룬다. 여기서는 '궁극적 조건'(eventual condition)을 나타낸다. 곧 가능성이 있는 일로서(이럴 수도 있고 저럴 수도 있는데) "만일 … 한다면"의 뜻이다.
- ▶ ἀκούσῃ, ἀκούω(듣다)의 아오리스트 능동태 가정법(3단). 가정법의 부정에는 μή를 사용한다.
- ▶ παράλαβε, παραλαμβάνω(데리고 가다)의 아오리스트 능동태 명령법(2단). 우선 παραλαμβάνω의 기본형에서 아오리스트는 παρέλαβον인데(λαμβάνω의 기본형을 외우면 된다), 여기서 아오리스트 줄기는 παραλαβ임을 알 수 있다. 여기에 명령법 어미를 붙이면 명령법이 된다. 여기서는 2인칭 단수 명령형 꼬리를 붙였는데 현재형의 것(ε)을 붙였다(cf. λῦε). 왜냐하면 이것이 아오리스트인 것은 줄기에 의해 분명해졌기 때문이다.
- ▶ μετὰ σοῦ, 너와 함께.
- ▶ ἔτι, still, yet. '게다가, 또'의 의미가 된다. '너'가 있는데 '너 외에 또'란 뜻이다.
- ▶ ἕνα, εἷς(하나)의 남성 단수 대격. 수사 εἷς, μία, ἕν의 변화를 익혀 두자. 악센트도 중요하다.

- ▶ δύο, 둘(two). 격에 따라 변하지 않으나 단 여격에서만 δυσί(ν)가 된다.

[번역] 만일 그가 듣지 않는다면, 너와 함께 한 사람이나 두 사람을(더) 데리고 가라.

2. ὃ ἐὰν ἴδητε τὸν Χριστὸν ποιοῦντα, τοῦτο ποιήσατε καὶ ὑμεῖς.

- ▶ ὃ ἐάν + 가정법, 하는 것은 무엇이든지(whatever). 여기서 ἐάν 대신에 ἄν을 써도 된다. ὅ는 관계 대명사로서 중성 단수 대격이다. 관계절 안에서 분사 ποιοῦντα의 목적어가 된다. 그래서 대격으로 보아야 한다.
- ▶ ἴδητε, ὁράω(보다)의 아오리스트 능동태 가정법(2 복). 줄기 ιδ를 보고 아오리스트임을 알고 장모음 η를 보고 가정법임을 안다.

  [기본형] ὁράω – ὄψομαι – εἶδον
- ▶ ποιοῦντα, ποιέω(만들다, 행하다)의 현재 능동태 분사(남 · 단 · 대). 여기서는 목적어인 τὸν Χριστόν을 설명하는 목적 보어 역할을 한다.
- ▶ τοῦτο, 이것을. 지시 대명사(남 · 단 · 대). 앞에 나온 관계절의 내용을 받는다. 그리스도께서 무엇을 행하시든지 너희가 보거든, 이것을 (바로 그것을).
- ▶ ποιήσατε, ποιέω(행하다)의 아오리스트 능동태 명령법(2 복). σα를 보고서 아오리스트임을 안다(이 동사는 줄기가 변하지 않아서 규

칙 동사이다). 그리고 직설법이 아니고 명령법인 것은 접두 모음 ἐ
이 붙지 않았기 때문이다.
- καὶ ὑμεῖς, 너희도. 여기서 καί 는 강조이다. 인칭 대명사가 사용된 것도 강조이다.

[번역] 너희가 그리스도께서 무엇이든지 행하시는 것을 보거든, 너희도 바로 그것을 행하여라.

3. κύριε, ἐλέησον ἡμᾶς, οὐ γὰρ ἐποιήσαμεν ἃ ἐκέλευσας.

- κύριε, κύριος (주인, 주님)의 호격(주여).
- ἐλέησον, ἐλεέω (불쌍히 여기다, 긍휼히 여기다)의 아오리스트 능동태 명령법(2 단). 단축 동사이기 때문에 연결 모음이 η로 되었고, 아오리스트 2인칭 단수 명령형 꼬리인 σον이 붙었다(cf. λῦσον).
- ἐποιήσαμεν, ποιέω (행하다)의 아오리스트 능동태 직설법(1복). 직설법을 부정할 때에는 οὐ가 사용된다.
- ἅ, 관계 대명사 (중·복·대). ἐκέλευσας의 목적어가 된다.
- ἐκέλευσας, κελεύω (명령하다)의 아오리스트 능동태 직설법(2단).

[번역] 주여, 우리를 불쌍히 여기소서. 당신이 명하신 것들을 우리가 행하지 않았습니다(… 행하지 않았음이니이다).

제28과 명령법

4. *μὴ εἰσέλθῃ εἰς τὴν πόλιν ὁ ἐν τῷ ὄρει.*

- *μὴ εἰσέλθῃ*, 들어가지 말라. 〈*μή* + 아오리스트 가정법〉은 '금지'(prohibition)를 나타낸다. 금지는 또한 〈*μή* + 현재 명령법〉을 통해 나타낼 수도 있지만, 그럴 경우엔 시상이 달라지기 때문에 뜻에도 미묘한 차이가 있게 된다. *εἰσέλθῃ*는 *εἰσέρχομαι*(들어가다)의 아오리스트 능동태 가정법.

  [기본형] *ἔρχομαι – ἐλεύσομαι – ἦλθον*

- *εἰς τὴν πόλιν*, 성(도시) 안으로. *πόλις(ἡ), πόλεως, πόλει, πόλιν* 등.
- *ὁ ἐν τῷ ὄρει*, 산에 있는 자(사람). *ὄρος (τό), ὄρους, ὄρει, ὄρος* 등.

[번역] 산에 있는 자는 그 성(도시)안으로 들어가지 말라.

5. *οὕτως οὖν προσεύχεσθε ὑμεῖς Πάτερ ἡμῶν ὁ ἐν τοῖς οὐρανοῖς.*

- *οὕτως*, 이와 같이, 그리하여.
- *οὖν*, 그러므로(therefore).
- *προσεύχεσθε*, *προσεύχομαι*(기도하다)의 현재 중간태 명령법(2복). 이 경우엔 직설법과 형태가 똑같기 때문에 직설법으로 볼 수도 있으나 내용상 명령법이 맞다.
- *ὑμεῖς*, 너희는. 인칭 대명사가 사용된 것은 강조이다. 마태복음 6장

의 문맥상 이것은 '외식하는 자들'(바리새인들)과의 대비(contrast) 때문에 '너희(제자들)'라는 인칭 대명사가 사용되었다(대비도 강조의 일종이라고 볼 수 있다).

▶ *Πάτερ,* 아버지여. *πατήρ*의 호격(호격이 되면 끝 음절 모음이 짧아지고 악센트가 앞에 붙는다는 사실에 주의). *πατήρ*의 격 변화를 알아 두자(우선 많이 사용되는 단수만 외워 두자). *πατήρ, πατρός, πατρί, πατέρα* (호격은 *πάτερ*).

▶ *ὁ ἐν τοῖς οὐρανοῖς,* 하늘에 계신. 한정적으로 사용되어 앞에 있는 *πάτερ*를 한정한다. 하늘(*οὐρανός*)이란 단어는 신약에서 대개 복수로 사용된다. 그 이유는 아마도 히브리어 단어 '샤마임'이 복수로 사용되기 때문일 것이다.

[번역] 그러므로 너희는 이와 같이 기도하라. 하늘에 계신 우리 아버지여 ⋯ .

제29과

완료

A. 단어

ἀκήκοα, ἀκούω(듣다)의 완료 능동태 직설법. ※ 영어의 "Perfect"는 우리말로 '완료'로 번역해서 족하다. '현재 완료'란 번역은 영문법의 "Present Perfect"의 번역인데, 헬라어에서는 "Present Perfect"라고 하지 않고 그냥 "Perfect"라고 한다. 헬라어 문법책 중에 "Present Perfect"라고 한 것은 없다. 뿐만 아니라 헬라어의 '완료'의 개념과 영어의 '현재 완료'의 개념은 서로 다르다.

βεβάπτισμαι, βαπτίζω(세례 주다)의 완료 수동태 직설법.

γέγονα, γίνομαι(되다)의 완료 직설법. 형태로 보면 γέγονα는 능동태이다. 그러나 뜻은 여전히 중간태적이다.

    [기본형] γίνομαι - γενήσομαι - ἐγενόμην - γέγονα

γέγραφα, γράφω(쓰다)의 완료 능동태 직설법. 완료 수동태 직설법은 γέγραμμαι.

    [기본형] γράφω - γράψω - ἔγραψα - γέγραφα

                                  수) γέγραμμαι

γεννάω, 낳다(beget).

ἐγγίζω, 가까이 오다(come near).

ἐγήγερται, ἐγείρω(일으키다)의 완료 수동태 직설법 3인칭 단수.

[기본형] ἐγείρω - ἐγερῶ - ἤγειρα - ἐγήγερκα

ἔγνωκα, γινώσκω(알다)의 완료 능동태 직설법.

[기본형] γινώσκω - γνώσομαι - ἔγνων - ἔγνωκα

ἐλήλυθα, ἔρχομαι(오다, 가다)의 완료 능동태 직설법.

[기본형] ἔρχομαι - ἐλεύσομαι - ἦλθον - ἐλήλυθα

ἐρρέθην, λέγω(말하다)의 아오리스트 수동태 직설법 (아오리스트 수동태 분사는 ῥηθείς).

[기본형] λέγω - ἐρῶ - εἶπον - εἴρηκα

ἑώρακα, ὁράω(보다)의 완료 능동태 직설법.

[기본형] ὁράω - ὄψομαι - εἶδον - ἑώρακα

τέθνηκα, ἀποθνήσκω(죽다)의 완료 능동태 직설법.

[기본형] ἀποθνήσκω - ἀποθανοῦμαι - ἀπέθανον - τέθνηκα

μαρτυρέω, 증거하다(testify, bear witness).

Πέτρος, ὁ, 베드로.

πληρόω, 가득 채우다, 충만하게 하다(fill up), 성취하다(fulfill).

B. 익힘 문제

1. οὐδείς ἐστιν δίκαιος κατὰ τὸν νόμον εἰ μὴ ὁ ποιήσας πάντα τὰ γεγραμμένα ἐν τῷ βιβλίῳ τοῦ νόμου.

- ▶ οὐδείς, 아무도 … 아니다(no one). οὐδέ와 εἷς의 결합형이다.
- ▶ κατὰ τὸν νόμον, 율법에 의하면, 율법을 따르면(according to the law).
- ▶ εἰ μή, 제외하고는(except, but, if not).
- ▶ ὁ ποιήσας, 행한 자. ποιήσας는 ποιέω의 아오리스트 능동태 분사 (남·단·주). 관사 ὁ와 함께 명사적으로 사용되었다.
- ▶ γεγραμμένα, γράφω(쓰다)의 완료 수동태 분사(중·복·대). 완료 수동태 분사(λελυμένος, λελυμένη, λελυμένον)에서는 악센트가 끝에서 두 번째 음절에 온다. 즉, 남성과 중성에서 보통의 경우에 기대되는 것보다 한 음절 오른쪽으로 이동하였다. 이런 악센트의 위치는 이것이 완료임을 판단하는 데 도움이 되기도 한다. 그러나 중요한 것은 완료에는 '중첩'(重疊, reduplication)이 온다는 사실이다(여기서는 γε). 완료(perfect) 시상은 과거에 일어난 어떤 동작의 영향이 '현재의 상태'로 남아 있을 때 사용된다. 따라서 '완료'는 과거의 동작에 초점이 있다기보다 그 동작에 의해 남겨진 영향 곧 현재의 결과, 상태에 초점이 있다. γεγραμμένα의 경우, 과거의 어느 시점에 '기록되었다'는 동작이나 사실에 초점이 있는 것이 아니고, 그 결과로 현재 책에 기록되어 있다는 사실에 초점이 있다. 따라서 τὰ γεγραμμένα

는 '기록되어 있는 것들'을 뜻한다. γράφω의 기본형은 다음과 같다 (마지막 네 번째 오는 것이 완료이다).

[기본형] γράφω - γράψω - ἔγραψα - γέγραφα.

수) ἐγράφην 수) γέγραμμαι

▶ πάντα, πᾶν(중성)의 복수 대격. πᾶς, πᾶσα, πᾶν의 변화를 확실히 외워두자. 특히 πάντα는 남성 단수 대격도 되고, 중성 복수 주격 및 대격도 됨을 유의해 두자.

▶ τὸ βιβλίον τοῦ νόμου, 율법의 책, 율법책.

[번역] 율법에 의하면, 율법 책에 기록되어 있는 모든 것을 행한 자 외에는 아무도 의롭지 않다.

2. εὐηγγελίσατο πάντα τὸν λαὸν λέγων ὅτι ἤγγικεν ἡ βασιλεία τῶν οὐρανῶν.

▶ εὐηγγελίσατο, εὐαγγελίζομαι(복음을 전하다)의 아오리스트 중간 태 직설법(3단). 전치사처럼 쓰인 부사 εὐ 다음에 접두 모음 ε이 와서 α와 합쳐서 η가 되었다.

▶ πάντα τὸν λαόν, 온 백성을. εὐαγγελίζομαι의 목적어는 대격으로 온다(우리말로 직역하면, … 을 복음화하다). πάντα는 πᾶς의 남성 단수 대격. 중성 복수 주격/대격과 모양이 똑같으니 주의를 요한다.

▶ λέγων, λέγω의 현재 능동태 분사(남·단·주). 다음에 말하는 내용을 인도한다. 영어의 " … , saying"과 같다. λέγω의 기본형은 다

제29과 완료

음과 같다(마지막에 나오는 것이 완료형이다. 이제부터는 완료형도 같이 외우도록 하자).

[기본형] λέγω – ἐρῶ – εἶπον – εἴρηκα

- ἤγγικεν, ἐγγίζω(가까이 오다, 접근하다)의 완료 능동태 직설법(3단). [기본형] ἐγγίζω – ἐγγιῶ(or ἐγγίσω) – ἤγγισα – ἤγγικα
- ἡ βασιλεία τῶν οὐρανῶν, 하늘들의 나라, 하늘나라 곧 천국. 신약성경에서 '하늘'(οὐρανός)이란 단어는 관용적으로 대개 복수를 사용한다. 이것은 아마도 히브리어로 '하늘'을 뜻하는 '샤마임'이 복수이기 때문에 그러한 것으로 생각된다.

[번역] 그는 온 백성에게 복음을 전하여 말하기를, 하나님의 나라가 가까이 왔다고 하였다.

3. ὃ ἑωράκαμεν καὶ ἀκηκόαμεν λέγομεν καὶ ὑμῖν, ἵνα καὶ ὑμεῖς πιστεύσητε εἰς τὸν Χριστόν.

- ὅ, 관계 대명사(중·단·대). 관계 대명사에는 다 악센트가 있다. 악센트 없는 ὁ는 관사이고 악센트 있는 ὅ는 관계 대명사(중성 단수 주격/대격)이다. 이 관계절 안의 문장에서는 ἑωράκαμεν과 ἀκηκόαμεν의 목적어가 되므로 대격이다.
- ἑωράκαμεν, ὁράω(보다)의 완료 능동태 직설법(1복). 기본형을 확실히 외워 두자. ὁράω – ὄψομαι – εἶδον – ἑώρακα(완료에서 ω는 간혹 ο으로 쓸 수도 있으나, 일단 ω로 외우기 바란다.) 완료 시상으로

서 ἑωράκαμεν은 과거에 보았지만 그 본 결과가, 그 영향이 현재에도 남아 있음을 나타낸다. 즉, 그 본 경험을 현재 가지고 있음을 나타낸다. 만일 단순히 과거에 본 동작을 나타내고자 했다면 아오리스트인 εἴδομεν을 사용했을 것이다.

▶ ἀκηκόαμεν, ἀκούω(듣다)의 완료 능동태 직설법(1복). 완료 시상이므로 과거에 들은 것의 결과, 영향이 현재 남아 있는 것을 뜻한다.

[기본형] ἀκούω - ἀκούσω - ἤκουσα - ἀκήκοα (다른 것은 다 규칙적으로 변하니 완료형만 외워 두면 된다.)

▶ λέγομεν, λέγω의 현재 능동태 직설법(1복).

[기본형] λέγω - ἐρῶ - εἶπον - εἴρηκα

▶ καὶ ὑμῖν, 너희에게도.

▶ ἵνα + 가정법, 목적절(Purpose Clause)이 된다(… 하기 위하여).

▶ καὶ ὑμεῖς, 너희도.

▶ πιστεύσητε, πιστεύω(믿다)의 아오리스트 능동태 가정법(2복). ἵνα와 함께 목적을 나타내는 절을 이룬다. πιστεύω εἰς는 ' … 를(주님으로) 믿다'는 뜻이다.

[번역] 우리는 우리가 보고 들은 것을 너희에게도 말한다. 이는 너희도 그리스도를 믿게 하기 위해서이다.

제29과 완료

4. καὶ ἐν τούτῳ γινώσκομεν ὅτι ἐγνώκαμεν αὐτόν, ἐὰν τὰς ἐντολὰς αὐτοῦ τηρῶμεν.

- καί, 그리고(and). 여기서 καί 는 앞 문장과 뒷 문장을 연결하는 병렬 접속사이다.
- ἐν τούτῳ, 이것(이 점)에 있어서(in this), 이로써(by this). ἐάν 이하의 내용을 가리킨다.
- γινώσκομεν, γινώσκω(알다)의 현재 능동태 직설법(1복).
- ἐγνώκαμεν, γινώσκω의 완료 능동태 직설법(1복). 완료 시상이므로, 이것은 과거의 어느 시점에 알았는데, 그 결과로 지금 알고 있다는 뜻이다.
  [기본형] γινώσκω – γνώσομαι – ἔγνων – ἔγνωκα (네 개 전체를 확실히 암기해 두어야 한다. 미래에서는 중간태가 된다. 아오리스트와 완료를 혼동하지 않도록 주의해야 한다.)
- ἐάν + 가정법, 조건절. 여기서는 '궁극적 조건'(eventual condition)을 나타낸다. 곧 이럴 수도 있고 저럴 수도 있는데, "만일 이렇게 한다면"의 뜻이다. 이런 점에서 '가능성 있는 조건'(probable condition)이라고 부르기도 한다.
- ἐντολάς, ἐντολή(ἡ, 계명)의 복수 대격.
- τηρῶμεν, τηρέω(지키다)의 현재 능동태 가정법(1복).

[번역] 그리고 만일 우리가 그의 계명들을 지키면, 이로써 우리는 우리가 그를 안 줄을 안다.

5. ὁ ἀγαπῶν τὸν γεννήσαντα ἀγαπᾷ τὸν γεγεννημένον ἐξ αὐτοῦ.

▶ ὁ ἀγαπῶν, 사랑하는 자. ἀγαπῶν은 ἀγαπάω(사랑하다)의 현재 능동태 분사 (남 · 단 · 주). ἀγαπάω는 단축 동사이기 때문에 현재 분사의 꼬리에 써컴플렉스 악센트가 붙었다.
▶ γεννήσαντα, γεννάω(낳다)의 아오리스트 능동태 분사(남 · 단 · 대).
▶ ἀγαπᾷ, ἀγαπάω의 현재 능동태 직설법(3단). -αω로 끝나는 단축 동사이기 때문에 3인칭 단수의 인칭 어미가 좀 복잡하게 되었다. 단축 동사 ἀγαπάω의 현재 직설법 인칭 변화를 다시 한번 익혀 두자.

[단 수]   [복 수]
1. ἀγαπῶ   ἀγαπῶμεν
2. ἀγαπᾷς   ἀγαπᾶτε
3. ἀγαπᾷ   ἀγαπῶσι(ν)

▶ γεγεννημένον, γεννάω(낳다)의 완료 수동태 분사(남 · 단 · 대). 완료 분사이기 때문에 악센트가 끝에서 두 번째 음절에 왔다. 이 악센트의 위치를 보고서 이것이 완료임을 짐작할 수도 있다. 그러나 이것이 완료인지 아닌 지를 결정하는 것은 '중첩'이다(여기서는 γε).
▶ ἐξ αὐτοῦ, 그에게서, 그에게서부터(out of him, from him).

제29과 완료

[번역] 낳으신 자를 사랑하는 자는 그에게서 난 자를 사랑한다 ('낳으신 자'는 하나님이고, '그에게서 난 자'는 그리스도일 수도 있고 또는 '믿는 자'일 수도 있다).

제30과

형용사의 비교급. μείζων의 변화 비교의 속격 등

A. 단어

ἐμός, ή, όν, (소유 형용사) 나의(my).

ἔμπροσθεν, (부사) 앞에(in front of), 면전에(in the presence of). 전치사로 많이 사용되며 속격을 지배한다.

ἐνώπιον, (부사) 앞에(before), 면전에(in the presence of).

ἔξω, (부사) 밖에(outside). 전치사로 사용되면 속격을 취한다(outside of).

ἐχθρός, ὁ, 적, 원수(enemy).

ἤ, (접속사) 1) 또는(or); 2) … 보다(than).

ἡμέτερος, α, ον, (소유 형용사) 우리의(our).

ἴδιος, α, ον, 자기 자신의(one's own).

ἱκανός, ή, όν, (형용사) 충분한(sufficient), 자격이 있는(worthy).

ἰσχυρότερος, α, ον, (형용사) 더 강한(stronger). ἰσχυρός, ά, όν (강한, strong)의 비교급.

καλῶς, (부사) 잘, 좋게(well).

κρείσσων, ον, (형용사) 더 좋은(better). ἀγαθός의 비교급.

제30과 형용사의 비교급. μείζων의 변화. 비교의 속격 등

μᾶλλον, ον, (부사) 더욱(more), 오히려(rather).

μή, 1) (부사) 아니(직설법 외의 법에서 사용); 2) (접속사) … 하지 않도록(lest, in order that … not …).

μήποτε, (접속사) 혹시나 하지 않도록(lest perchance).

ὅπως, (접속사) … 하도록(in order that).

πάλιν, (부사) 다시(again).

πλείων, ον, (형용사) 더 많은(more). πολύς의 비교급.

σάββατον, τό, 안식일(sabbath). 대개 복수가 많이 사용된다. 복수 여격은 τοῖς σάββασι(ν).

σός, ή, όν, (소유 형용사) 너의(your).

ὑμέτερος, α, ον, (소유 형용사) 너희의(your).

B. 익힘 문제

1. παρακαλῶ δὲ ὑμᾶς ἵνα τὸ αὐτὸ λέγητε πάντες.

▶ παρακαλῶ, παρακαλέω(권면하다)의 현재 능동태 직설법(1단). 단축 동사이기 때문에 어미 εω가 합쳐져서 ῶ가 되었다.

[기본형] παρακαλέω - παρακαλέσω - παρεκάλεσα (미래에서 모음 ε이 η로 길어지지 않고 그대로 있는 것이 특별하다).

▶ ἵνα + 가정법, 목적(purpose)을 나타내는 절이 된다. 여기서는 παρακαλῶ 동사의 목적어(object)가 된다. 곧 권면의 내용을 나타낸다. 권면의 내용은 아직 실현된 것이 아니라 그렇게 실현되기를 바

라는 바람과 기대 속에 있기 때문에 '가정법'이 사용된다.
- ▸ τὸ αὐτό, 같은 것. 여기서 αὐτό는 '동일한'의 의미.
- ▸ λέγητε, λέγω의 현재 능동태 가정법(2복). η가 긴 것을 보고 가정법임을 안다.
- ▸ πάντες, πᾶς의 남성 복수 주격. λέγητε의 주어인 '너희'와 동격이다(너희 모두가).

[번역] 나는 너희 모두가 같은 것을 말하라고 너희에게(너희를) 권면한다.

2. ὅσα ἐὰν θέλητε ἵνα ποιῶσιν ὑμῖν οἱ ἄνθρωποι, οὕτως καὶ ὑμεῖς ποιεῖτε · οὗτος γάρ ἐστιν ὁ νόμος καὶ οἱ προφῆται.

- ▸ ὅσα ἐὰν θέλητε, 너희가 원하는 것은 무엇이든지, 너희가 무엇을 원하든지(whatever you want). ὅσος, ὅση, ὅσον은 원래는 상관 대명(Correlative Pronoun)인데(as much as, as great as, as many as), 여기서는 ἐάν과 함께 사용되어 ὃς ἄν(ἐάν)과 같은 뜻이다. ὅσα는 중성 복수 대격.
- ▸ θέλητε, θέλω(원하다, 뜻하다)의 현재 능동태 가정법(2복).
  [기본형] θέλω - θελήσω - ἠθέλησα (미완료형은 ἤθελον)
※ 미완료형과 아오리스트에서 접두 모음(augment)이 ε이 아니라 η가 붙은 것이 이상하다. 그것은 θέλω의 Attic형인 ἐθέλω에서 미완료형과 아오리스트형이 만들어졌기 때문이다(cf. Bauer). 이처럼 헬라어는 원래 여러 지역과 섬들에서 사용되던 것인데, 한 시상에서는 이 지역에서 사용되던 형

제30과 형용사의 비교급. μείζων의 변화. 비교의 속격 등

이, 다른 시상에서는 다른 지역에서 사용되던 형이 후에 널리 통용되는 경우가 많았다. 오늘날 우리는 어차피 후대 사람으로서 그들이 사용하던 것을 귀납적으로 배우는 것이므로, 그들이 실제로 사용했던 것들을 그대로 익히는 수밖에 없다. 주의할 것은 중요한 단어들 중에 예외가 많다는 사실이다. 따라서 우리는 규칙적인 변화와 함께, 불규칙적으로 변하는 단어들에 대해 더욱 주의를 기울여야 한다. 특히 주요 동사의 기본형은 읽기와 쓰기를 반복함으로써 확실히 익혀야 한다.

▶ ἵνα ποιῶσιν, (그들이) 해 주기를. ποιῶσιν은 ποιέω의 현재 능동태 가정법(3복). 여기서 ἵνα 절은 θέλητε의 내용 즉 목적어(object)가 된다.

▶ καὶ ὑμεῖς, 너희도. 앞의 οἱ ἄνθρωποι 와 대비가 되기 때문에 여기에 인칭대명사 ὑμεῖς가 사용되었다.

▶ ποιεῖτε, ποιέω(행하다)의 현재 능동태 명령법(2복). 단축 동사이기 때문에 ει 위에 써컴플렉스가 붙었다. 물론 형태상으로는 직설법도 될 수 있지만 내용상으로 명령법이 맞다.

▶ οὗτος, 지시 대명사(이, this). ※ 지시 대명사 οὗτος, αὕτη, τοῦτο의 변화를 정확하게 알아 두자(철자와 악센트에 주의).

▶ προφῆται, προφήτης(ὁ, 선지자)의 복수 주격. 이 명사는 여성처럼 생겼으나 남성이며, 단수 속격을 제외하고는 다 여성처럼 변한다.

  (단수) προφήτης, προφήτου, προφήτῃ, προφήτην

  (복수) προφῆται, προφητῶν, προφήταις, προφήτας

[번역] 사람들이 너희에게 행하기를(행하여 주기를) 너희가 원하는 것은 무엇이든

지, 너희도 이와 같이 행하라. 이것이 율법과 선지자들이다(… 이기 때문이다).

3. κέλευσον οὖν τηρηθῆναι τὸ σῶμα ὑπὸ τῶν στρατιωτῶν, μήποτε ἐλθόντες οἱ μαθηταὶ λάβωσιν αὐτὸ καὶ εἴπωσιν τῷ λαῷ ὅτι ἠγέρθη ἐκ τῶν νεκρῶν.

▶ κέλευσον, κελεύω(명하다)의 아오리스트 능동태 명령법(2단). σον 은 아오리스트 능동태 명령법에 붙는 꼬리이다(cf. λῦσον).
▶ οὖν, 후치사로서 문장의 제일 앞에는 오지 못한다(그러므로).
▶ τηρηθῆναι, τηρέω(지키다)의 아오리스트 수동태 부정사. θη를 보고 아오리스트 수동태임을 알 수 있고, ναι를 보고 부정사임을 알 수 있다(또는 한꺼번에 θῆναι를 보고 아오리스트 수동태 분사를 알 수 있다. cf. λυθῆναι). 이 부정사는 앞의 명령법 동사 κέλευσον에 연결된다.
▶ σῶμα, 몸(body). σάρξ(육신, 타락한 인간)와는 구별된다.
▶ στρατιωτῶν, στρατιώτης(ὁ, 군인)의 복수 속격. 여성처럼 생긴 남성이다. προφήτης처럼 변한다.
▶ μήποτε, 여기서는 접속사로 사용되었다. 가정법과 함께 사용되어 '(혹시나) … 하지 않도록'(lest … that … not)의 의미를 가지고 있다.
▶ ἐλθόντες, ἔρχομαι(오다, 가다)의 아오리스트 능동태 분사(남·복·주).

[기본형] ἔρχομαι - ἐλεύσομαι - ἦλθον - ἐλήλυθα (여기서 아오리스트형과 완료형에 나타나는 q는 수동태와는 아무런 관련이 없다. 원래부터 있는 줄

제30과 형용사의 비교급. μείζων의 변화. 비교의 속격 등

- ▶ μαθηταί, μαθητής(ὁ, 제자)의 복수 주격. προφήτης 처럼 변한다. 단 악센트 위치는 다르다.
- ▶ λάβωσιν, λαμβάνω(취하다)의 아오리스트 능동태 가정법(3복).
  [기본형] λαμβάνω – λήμψομαι – ἔλαβον – εἴληφα
- ▶ αὐτό, 인칭 대명사(중 단 대). 앞에 나온 τὸ σῶμα를 가리킨다.
- ▶ εἴπωσιν, λέγω(말하다)의 아오리스트 능동태 가정법(3복).
  [기본형] λέγω – ἐρῶ – εἶπον – εἴρηκα
- ▶ ὅτι, 여기서는 목적절을 인도하는 접속사이다(… 라는 것을, that …). ὅτι 절에는 직설법이 온다.
- ▶ ἠγέρθη, ἐγείρω(일으키다)의 아오리스트 수동태 직설법(3단).
  [기본형] ἐγείρω – ἐγερῶ – ἤγειρα – ἐγήγερκα.
  수) ἠγέρθην
- ▶ ἐκ τῶν νεκρῶν, 죽은 자들 가운데서. 여기서 ἐκ는 '가운데서'(out of, among)의 뜻. 이 경우에 관사 τῶν을 생략하고 ἐκ νεκρῶν으로 표현하기도 한다.

[번역] 그러므로 제자들이 와서 그것(시신)을 취하고 백성에게 말하기를, 그가 죽은 자들 가운데서 일어났다(살아났다) 말하지 않도록 군인들에게 명하여 그 몸(시신)을 지키게 하소서(직역하면, … 군인들에 의하여 그 몸이 지켜지도록 명하소서).

4. οὐκ ἔστι δοῦλος μείζων τοῦ πέμψαντος αὐτόν.

- ► οὐκ ἔστι, 아니다(it is not …). ἐστι(ν)는 엔클리틱인데 οὐκ와 함께 사용되어서 악센트가 붙었다.
- ► μείζων, μέγας(크다, big, great)의 비교급(더 크다). μέγας, μεγάλη, μέγα의 변화(이 책 부록 §18.4)도 눈여겨 봐 놓자. 비교급 μείζων(남성, 여성), μεῖζον(중성)의 변화는 제법 까다롭다(부록 §24). 특히 μείζονα는 남성/여성 단수 대격도 되고, 중성 복수 주격/대격도 된다. 게다가 이 μείζονα 대신에 짧은 형태인 μείζω가 사용될 수도 있고, 또한 남성/여성 복수 주격 μείζονες와 대격 μείζονας 대신에 μείζους가 사용될 수도 있기 때문에 더욱 어려워진다. 필요할 때마다 찾아보고 익히는 수밖에 없다.
- ► τοῦ πέμψαντος, 여기의 속격은 '비교의 속격'(Genitive of Comparison)이다. 곧 ' … 보다'의 의미를 가진다. ὁ πέμψας는 '보낸 자'. πέμψαντος는 πέμπω(보내다)의 아오리스트 능동태 분사 (남 · 단 · 속).
- ► αὐτόν, 인칭 대명사(3인칭 남성 단수 대격). 여기서는 앞의 δοῦλος 를 받는다.

[번역] 종은 그를 보낸 자보다 크지 않다.

5. μείζονα ταύτης ἀγάπην οὐδεὶς ἔχει, ἵνα τις ἀποθάνῃ ὑπὲρ τῶν ἄλλων.

- ▶ μείζονα, μείζων(더 큰. μέγας의 비교급)의 단수 대격. μείζονα는 남성도 될 수 있고 여성도 될 수 있으나 여기서는 여성 명사인 ἀγάπην을 수식하므로 여성이다.
- ▶ ταύτης, 비교의 속격(이보다). ταύτης는 지시 대명사. 5의 단수 속격(여성). 지시 대명사 οὗτος, αὕτη, τοῦτο의 변화를 잘 익혀 두자.
- ▶ ἀγάπην, 대격으로서 같은 대격 형용사인 μείζονα에 연결된다.
- ▶ οὐδείς, 아무도 … 아니다(no one).
- ▶ ἔχει, ἔχω(가지고 있다)의 현재 능동태 직설법(3단).
- ▶ ἵνα, 가정법과 함께 절을 이룬다. 여기서는 앞에 나온 ταύτης를 구체적으로 설명한다. "어떤 사람이 다른 사람들을 위하여 죽는 것, 이 것보다 … " 여기서 <ὅτι + 직설법>을 사용하지 않고 <ἵνα + 가정법>을 사용한 이유는 어떤 사람이 다른 사람들을 위하여 죽는 것은 아직 이루어진 현실이 아니라 가능성으로 존재하는 것이기 때문이다. 즉, 가능성의 세계, 가정의 세계, 희망의 세계에 속하기 때문에 <ἵνα + 가정법>을 사용하였다. 따라서 ἵνα 절은 항상 " … 하기 위하여"(in order that …)로 번역되는 목적절(Purpose Clause)을 나타내는 것은 아니고, 경우에 따라서는 ' … 하는 것'(that …)을 나타낼 수도 있다. ὅτι 절과 ἵνα 절의 중요한 차이점은 ὅτι 절은 현실의 세계를 나타내고(그래서 직설법을 사용한다), ἵνα 절은 가능의 세계, 희망의 세계, 목적의 세계, 가정의 세계를 나타낸다는 점이다(그래서

가정법을 사용한다). 위 문장에서 어떤 사람이 다른 사람들을 위해 죽는 것은 아직 일어나지 않은 가능의 세계, 가정에 세계에 속하는 일이다(위 문장은 요 15:13을 응용한 것으로 생각되는데, 거기서 예수님은 아직 돌아가시기 전에 제자들에게 이 말씀을 하셨다).

▶ τις, 부정 대명사(Indefinite Pronoun). 여기서 '부정(不定)'이란 말은 '불특정'이란 뜻이다(어떤 사람이, someone). 그래서 아님을 나타내는 '부정(否定)'과 발음이 똑같아서 혼란스럽다. 부정 대명사 τις, τι 는 원칙적으로 악센트가 없다. 단음절에서는 항상 악센트가 없으며, 두 음절일 경우에 만일 악센트가 온다면 끝 음절에 온다. 이 경우에 악센트를 붙이고 안 붙이고는 '엔클리틱' 단어의 악센트 법칙에 따른다(메이첸, 8과 §92).

▶ ἀποθάνῃ, ἀποθνῄσκω (죽다)의 아오리스트 능동태 가정법(3단). 기본형을 잘 외워 두도록 하자.

   [기본형] ἀποθνῄσκω – ἀποθανοῦμαι – ἀπέθανον

※ 여기서 '죽다'에 아오리스트 시상이 사용된 것은 그 죽는 동작이 과거에 일어난 것이라서 그런 것이 아니다. 어떤 사람이 다른 사람들을 위해 죽는 것은 내용상 아직 일어나지 않은 일이다(죽었다면 직설법이 사용되었을 것이다). 따라서 여기에 아오리스트가 사용된 것은 그 죽는 동작이 '점 동작'(punctiliar action)이기 때문이다. 곧 죽는 것은 단번에 죽는 것이지 지속적으로 죽는 '선(線) 동작'(linear action)이 아니다.

▶ ὑπὲρ τῶν ἄλλων, 다른 사람들을 위해.

[번역] 어떤 사람이 다른 사람들을 위해 죽는 것, 이것보다 더 큰 사랑을 어느 누구

도 가지고 있지 않다(부드러운 우리말로 고치면, 다른 사람을 위해 죽는 것보다 더 큰 사랑은 없다).

제31과

$δίδωμι$ 변화. $γινώσκω$의 아오리스트
관사와 함께 쓰이는 $μέν$, $δέ$ 등

A. 단어

$αἰώνιος, ον,$ (형용사) 영원한(eternal). 남성과 여성은 같고 중성만 다른 형태이다.

$ἀντί,$ (전치사. + 속격) 대신에(instead of).

$ἀποδίδωμι,$ 돌려주다(give back), 갚아 주다(give what is owed).

$γυνή, γυναικός, ἡ,$ (성인) 여자(woman), 아내(wife).

$δίδωμι,$ 주다(give).

    [기본형] $δίδωμι - δώσω - ἔδωκα - δέδωκα$

$ἔγνων, γινώσκω$(알다)의 아오리스트.

    [기본형] $γινώσκω - γνώσομαι - ἔγνων - ἔγνωκα$

$ἐξουσια, ἡ,$ 권세(authority, power).

$ἔσχον, ἔχω$(가지다)의 아오리스트.

    [기본형] $ἔχω - ἕξω - ἔσχον - ἔσχηκα$

$ζάω,$ 살다(live).

    [기본형] $ζάω - ζήσω - ἔζησα$

    ※ 현재형 인칭 변화에 주의: $ζῶ, ζῇς, ζῇ, ζῆμεν, ζῆτε, ζήσουσι(ν)$ $ἰδού,$ (불

제31과 δίδωμι 변화. γινώσκω의 아오리스트. 관사와 함께 쓰이는 μέν, δέ 등

변사) 보라!(behold!)

μόνος, η, ον, (형용사) 홀로(alone), 유일한(only).

μυστήριον, τό, 비밀(mystery).

ὁράω, 보다(see). ※ *βλέπω*는 '(주목하여) 보다'(look, observe)는 뜻.

　　[기본형] *ὁράω - ὄψομαι - εἶδον - ἑώρακα*

παραδίδωμι, 넘겨주다(hand over), 배신하다(betray).

πειράζω, 시험하다(tempt).

ποῖος, α, ον, (의문 대명사) 어떠한, 어떤 종류의(what sort of)?

Σίμων, Σίμωνος, ὁ, 시몬.

χείρ, χειρός, ἡ, 손(hand).

B. 익힘 문제

1. *παρέδωκα γὰρ ὑμῖν ἐν πρώτοις ὃ καὶ παρέλαβον, ὅτι Χριστὸς ἀπέθανεν ὑπὲρ τῶν ἁμαρτιῶν ἡμῶν κατὰ τὰς γραφάς.*

▶ *παρέδωκα, παραδίδωμι*(건네 주다, 넘겨주다, 전해 주다)의 아오리스트 능동태 직설법(1단). *δίδωμι*의 기본형을 잘 외워 두자(*δίδωμι - δώσω - ἔδωκα - δέδωκα*). 이 동사의 특징은 현재형의 줄기는 *δίδο*로서 길고(두 음절), 미래와 아오리스트에서는 줄기가 *δο*로서 짧다(한 음절)는 점이다. 완료에서는 중첩의 *δε*가 붙었으며, 그것을 제외한 줄기는 *δο*로서 여전히 짧다(한 음절). 그리고 아오리스트의

어미가 *σα*가 아니고 *κα*인 점에 유의하자.
- *ἐν πρώτοις,* 먼저, 첫째로(among the first things, in the first place).
- *ὅ,* 관계 대명사(중 · 단 · 대). *παρέλαβον*의 목적어 역할을 한다. 그리고 관계절 전체는 앞의 *παρέδωκα*의 목적어가 된다.
- *παρέλαβον, παραλαμβάνω*(… 로부터 받다, 물려받다)의 아오리스트 능동태 직설법(1단). *καί*는 동사의 숨은 주어를 강조한다(내가 또한). *λαμβάνω*의 기본형을 잘 외워 두자(*λαμβάνω - λήμψομαι - ἔλαβον - εἴληφα*)
- *ὅτι,* 여기서는 앞에 있는 관계절과 동격이 되며 *παρέδωκα* 의 목적어가 되는 접속사이다(… 라는 것을, that …).
- *ἀπέθανεν, ἀποθνήσκω*(죽다)의 아오리스트 능동태 직설법(3단).
  [기본형] *ἀποθνήσκω - ἀποθανοῦμαι - ἀπέθανον - τέθνηκα* (완료형에서 *ἀπο*가 붙지 않는 것이 특징이다.)
- *ὑπὲρ τῶν ἁμαρτιῶν ἡμῶν,* 우리 죄들을 위하여. <*ὑπέρ* + 속격>은 '위하여'의 뜻.
- *κατὰ τὰς γραφάς,* 성경을 따라. 여기에 *γραφή* 의 복수가 사용된 것은 성경 책들을 가리킨다.

[번역] 내가 전해 받은 것 곧 그리스도께서 성경을 따라 우리 죄들을 위해 죽으셨다는 것을 먼저 너희에게 전해 주었다 (… 전해 주었음이라).

2. μὴ ἔχοντος δὲ αὐτοῦ ἀποδοῦναι ἀπέλυσεν αὐτὸν ὁ κύριος αὐτοῦ.

▶ ἔχοντος, ἔχω(가지고 있다)의 현재 능동태 분사(남·단·속). αὐτοῦ와 함께 절대 속격 구문을 이루고 있다. 속격 αὐτοῦ가 분사의 주어가 된다. 분사를 부정할 때에는 μή를 사용한다.

   [기본형] ἔχω - ἕξω - ἔσχον - ἔσχηκα

▶ ἀποδοῦναι, ἀποδίδωμι(돌려주다, 갚다)의 아오리스트 능동태 부정사. 우선 ἀπο를 떼고 δίδωμι의 기본형을 생각해 보자.

   [기본형] δίδωμι - δώσω - ἔδωκα - δέδωκα

여기서 현재 부정사는 διδόναι이고, 아오리스트 부정사는 δοῦναι이다. 그리고 현재 분사는 διδούς, διδοῦσα, διδόν이고, 아오리스트 분사는 δούς, δοῦσα, δόν이다. 그리고 현재 명령법(2단)은 δίδου이고, 아오리스트 명령법(2단)은 δός이다. 이처럼 δίδωμι 동사는 현재 시상에서는 줄기가 길고, 아오리스트와 그 외 시상에서는 짧은 것이 특징이다. 이런 원리는 τίθημι 동사의 경우에도 마찬가지다. 나아가서 좀 복잡하지만 ἵστημι 동사도 마찬가지이며, 따지자면 γινώσκω 동사도 마찬가지다(γινώσκω의 원래 형태는 γιγνώσκω였다).

▶ ἀπέλυσεν, ἀπολύω(풀어 주다, 해방하다)의 아오리스트 능동태 직설법 (3단).

[번역] 그가 갚을 것이 없으므로, 그의 주인은 그를 풀어 주었다.

3. καὶ ἀποκριθεὶς πᾶς ὁ λαὸς εἶπεν Τὸ αἷμα αὐτοῦ ἐφ᾽ ἡμᾶς καὶ ἐπὶ τὰ τέκνα ἡμῶν.

▶ ἀποκριθείς, ἀποκρίνομαι(대답하다)의 아오리스트 수동태 분사(남단 주). 태는 수동태이지만 뜻은 능동이다(디포넌트 동사). 기본형은 다음과 같다.

  [기본형] ἀποκρίνομαι - ἀποκρινοῦμαι - ἀπεκρίθην(ἀπεκρινάμην)

아오리스트에서는 수동태와 함께 중간태도 간혹 사용된다. 그러나 둘 다 뜻은 능동이다(대답하였다). 완료형은 거의 사용되지 않으므로 외울 필요가 없다.

▶ πᾶς ὁ λαός, 온 백성이.

▶ εἶπεν, λέγω(말하다)의 아오리스트 능동태 직설법(3단).

  [기본형] λέγω - ἐρῶ - εἶπον - εἴρηκα

▶ αἷμα, τό, 피(blood).

▶ ἐπί + 대격, … 위에(upon).

[번역] 그리고 온 백성이 대답하여 말하였다. "그의 피가 우리 위에와 우리 자손들 위에 (있기를 원하노라, 있을지어다.)"

4. θέλω δὲ τούτῳ τῷ ἐσχάτῳ δοῦναι ὡς καὶ σοί.

▶ θέλω, 원하다.

▶ τούτῳ τῷ ἐσχάτῳ, 이 마지막 사람에게. 주격으로 바꾸어 보면

제31과 δίδωμι 변화. γινώσκω의 아오리스트. 관사와 함께 쓰이는 μέν, δέ 등

οὗτος ὁ ἔσχατος가 된다. 이어서 나오는 δοῦναι로 연결된다.
▶ δοῦναι, δίδωμι(주다)의 아오리스트 능동태 부정사. 줄기 δου가 짧으므로(단음절) 아오리스트이다. 현재 부정사는 διδόναι이다(줄기가 두 음절이다).

  [기본형] δίδωμι – δώσω – ἔδωκα – δέδωκα
▶ ὡς καὶ σοι, 너에게도와 같이. 여기서 καί는 ' ··· 도'.

[번역] 그러나 나는 이 마지막 사람에게 너에게도와 같이 주기를 원한다.

5. ἐσθιόντων δὲ αὐτῶν λαβὼν ὁ Ἰησοῦς ἄρτον καὶ εὐλογήσας ἔκλασεν καὶ δοὺς τοῖς μαθηταῖς εἶπεν Λάβετε φάγετε, τοῦτό ἐστιν τὸ σῶμά μου. καὶ λαβὼν ποτήριον καὶ εὐχαριστήσας ἔδωκεν αὐτοῖς λέγων Πίετε ἐξ αὐτοῦ πάντες.

▶ ἐσθιόντων, ἐσθίω(먹다)의 현재 능동태 분사(남 · 복 · 속). 속격인 αὐτῶν과 함께 절대 속격 구문을 이룬다(그들이 먹고 있을 때에, 먹고 있는 동안에).

  [기본형] ἐσθίω – φάγομαι – ἔφαγον
여기에 현재 시상이 사용된 것으로 보아 그들이 아직 식사 중에 성찬식을 행하셨음을 알 수 있다.
▶ λαβών, λαμβάνω(취하다)의 아오리스트 능동태 분사(남 · 단 · 주).
▶ εὐλογήσας, εὐλογέω(복을 주다, 복을 빌다)의 아오리스트 능동태

분사(남·단·주). 끝이 -εω로 끝나는 단축 동사이기 때문에 악센트가 η 위에 왔다. 여기서는 '복을 빌다, 축복하다'의 의미.

▶ ἔκλασεν, κλάω([떡을] 떼다)의 아오리스트 능동태 직설법(3단).

▶ δούς, δίδωμι(주다)의 아오리스트 능동태 분사(남·단·주). 만일 현재 능동태 분사가 되면 διδούς가 된다.

   [기본형] δίδωμι - δώσω - ἔδωκα - δέδωκα

▶ εἶπεν, λέγω(말하다)의 아오리스트 능동태 직설법(3단).

   [기본형] λέγω - ἐρῶ - εἶπον - εἴρηκα

▶ λάβετε, λαμβάνω(취하다)의 아오리스트 능동태 명령법(2복).

   [기본형] λαμβάνω - λήμψομαι - ἔλαβον - εἴληφα

▶ φάγετε, ἐσθίω(먹다)의 아오리스트 능동태 명령법(2복).

   [기본형] ἐσθίω - φάγομαι - ἔφαγον

아오리스트 ἔφαγον의 줄기 φαγ에서 2인칭 복수 명령법 어미(語尾)인 ετε를 붙였다(ετε는 규칙 변화에서 원래 현재 명령법에 붙는 어미이지만, 그런 것은 중요하지 않다. 줄기 φαγ가 아오리스트임을 분명히 밝히고 있기 때문에 더 이상 시상을 밝힐 다른 것이 필요 없다. 그래서 명령법임을 밝히는 ete가 오면 자연히 아오리스트 명령법이 되는 것이다).

▶ τοῦτό ἐστιν, 이것은 … 이다(This is …). ἐστιν은 엔클리틱이다. 따라서 앞 단어와 밀접히 연결되어서 한 단어처럼 발음되며, 그래서 끝에서 세 번째 음절이 되는 το에 다시금 어큐트 악센트가 하나 더 붙었다. 만일 그 앞에 του에 어큐트 악센트가 왔다면 το에 또 다시 어큐트 악센트가 붙지는 못한다. 그러나 여기서는 του에 써컴플렉스 악센트가 왔기 때문에 το에 어큐트 악센트가 붙은 것이다.

제31과 *δίδωμι* 변화. *γινώσκω*의 아오리스트. 관사와 함께 쓰이는 *μέν, δέ* 등

- ▶ *τὸ σῶμά μου*, 나의 몸(my body). 이 문장에서 보어(술어)이다.
- ▶ *λαβών*, *λαμβάνω*(취하다)의 아오리스트 능동태 분사(남·단·주).
- ▶ *ποτήριον*, 잔(盞).
- ▶ *εὐχαριστήσας*, *εὐχαριστέω*(감사하다)의 아오리스트 능동태 분사 (남·단·주).
- ▶ *ἔδωκεν*, *δίδωμι*(주다)의 아오리스트 능동태 직설법(3단).
- ▶ *λέγων*, *λέγω*(말하다)의 현재 능동태 분사(남·단·주). 다음에 말하는 바 내용을 인용할 때 사용된다.
- ▶ *πίετε*, *πίνω*(마시다)의 아오리스트 능동태 명령법(2복).
    [기본형] *πίνω* - *πίομαι* - *ἔπιον* (미래와 아오리스트에서 *ν*가 탈락)
- ▶ *ἐξ αὐτοῦ*, 그것에서부터(out of it).
- ▶ *πάντες*, *πᾶς*의 남성 복수 주격(모두). *πίετε*에 들어 있는 주어 '너희'와 동격이 된다(너희 모두).

[번역] 그들이 먹고 있을 때에 예수께서 빵을 취하셔서 축복하시고 빵을 떼셨다. 그리고 그의 제자들에게 주시며 말씀하셨다. "받아 먹으라. 이것은 내 몸이니라." 그리고 잔을 취하여 감사하시고 그들에게 주시며 말씀하셨다. "너희 모두 이것에서 마시라."

제32과

τίθημι, ἀφίημι, ἀπόλλυμι 변화
결과절의 대격과 부정사
ἕως 뒤의 가정법

A. 단어

ἀνοίγω, 열다(open).

    [기본형] ἀνοίγω – ἀνοίξω – ἀνέῳξα – ἀνέῳγα

ἀπόλλυμι 또는 ἀπολλύω, 멸망하게 하다(ruin, destroy); (중간태) 멸망하다(perish).

    [기본형] ἀπόλλυμι – ἀπολέσω(ἀπολῶ) – ἀπώλεσα

ἀρχή, ἡ, 시작(beginning).

ἀφίημι, 가게 하다(let go), 허용하다(permit), 떠나다(leave), 용서하다(forgive).

    [기본형] ἀφίημι – ἀφήσω – ἀφῆκα – ἀφεῖκα

δείκνυμι 또는 δεικνύω, 보여 주다(show).

    [기본형] δείκνυμι – δείξω – ἔδειξα

εὑρίσκω, 찾다, 발견하다(find).

    [기본형] εὑρίσκω – εὑρήσω – εὗρον – εὕρηκα

ἐπιτίθημι, 위에 두다(lay upon).

제32과 τίθημι, ἀφίημι, ἀπόλλυμι 변화. 결과절의 대격과 부정사. ἕως 뒤의 가정법

ἕως, 1) (부사. + 속격) … 까지(up to); 2) (접속사) … 할 때까지(until).

καθώς, (부사) … 처럼, … 와 같이(as, just as).

καιρός, ὁ, 시간(time), 정해진 때(an appointed time).

μνημεῖον, τό, 무덤(tomb).

μόνον, (부사) 오직(only).

πῦρ, πυρός, τό, 불(fire).

σημεῖον, τό, 표적(sign).

τίθημι, 두다(put). 버리다(lay down).

    [기본형] τίθημι - θήσω - ἔθηκα - τέθεικα

ὑπάγω, 가다(go away).

χαίρω, 기뻐하다(rejoice).

    [기본형] χαίρω - χαρήσομαι - ἐχάρην - κεχάρηκα

χρόνος, ὁ, 시간(time).

ὧδε, (부사) 여기에(here).

ὥσπερ, (부사) … 와 같이(as, just as).

ὥστε, (접속사) … 하여 … 하다(so that …). 결과절을 인도한다.

B. 익힘 문제

1. διὰ τοῦτό με ὁ πατὴρ ἀγαπᾷ ὅτι ἐγὼ τίθημι τὴν ψυχήν μου, ἵνα πάλιν λάβω αὐτήν. οὐδεὶς ἦρεν αὐτὴν ἀπ' ἐμοῦ, ἀλλ' ἐγὼ τίθημι αὐτὴν ἀπ' ἐμαυτοῦ. ἐξουσίαν ἔχω θεῖναι αὐτήν, καὶ ἐξουσίαν ἔχω πάλιν λαβεῖν αὐτήν ταύτην τὴν ἐντολὴν ἔλαβον παρὰ τοῦ πατρός μου.

- ▶ διὰ τοῦτο, 이를 인하여, 이것 때문에, 이러므로. τοῦτο는 ὅτι 이하의 내용을 받는다. 그리고 τοῦτο의 끝 음절에 어큐트 악센트가 붙은 것은 με가 엔클리틱이기 때문이다.
- ▶ ἀγαπᾷ, ἀγαπάω(사랑하다)의 현재 능동태 직설법(3단). -αω로 끝나는 동사는 3인칭 단수 어미가 ᾷ로 된다.
- ▶ ὅτι, 접속사. ὅτι 절에는 직설법이 온다. ὅτι 절은 앞에 나온 τοῦτο를 설명한다.
- ▶ ἐγώ, 인칭 대명사. 인칭 대명사가 사용된 것은 강조하기 위함이다.
- ▶ τίθημι, 두다, 버리다.
  [기본형] τίθημι - θήσω - ἔθηκα - τέθεικα (완료형의 모음에 주의)
- ▶ ψυχή, 영혼(soul), 목숨(life).
- ▶ ἵνα + 가정법, 목적절을 이룬다(⋯ 하기 위하여).
- ▶ λάβω, λαμβάνω(취하다)의 아오리스트 능동태 가정법. 줄기 λαβ을 보고 아오리스트임을 안다.

[기본형] λαμβάνω - λήμψομαι - ἔλαβον - εἴληφα

▶ αὐτήν, 앞에 나오는 τὴν ψυχήν을 받는다.

▶ ἦρεν, αἴρω(들어 올리다, 들고 가다, 치우다, 제거하다)의 아오리스트 능동태 직설법(3단).

[기본형] αἴρω - ἀρῶ - ἦρα - ἦρκα

▶ ἀπ᾿ ἐμοῦ, 나로부터, 나에게서.

▶ ἀπ᾿ ἐμαυτοῦ, 나 스스로.

▶ θεῖναι, τίθημι(두다, 버리다)의 아오리스트 능동태 부정사. 이 부정사 형은 따로 외워두어야 한다.

▶ λαβεῖν, λαμβάνω(취하다, 받다)의 아오리스트 능동태 부정사.

▶ ταύτην τὴν ἐντολήν, 이 계명을. 이것을 주격으로 바꾸면 αὕτη ἡ ἐντολή가 된다.

▶ ἔλαβον, λαμβάνω의 아오리스트 능동태 직설법(1단). 이 형태는 3인칭 복수도 가능하지만, 여기서는 1인칭 단수이다.

▶ παρὰ τοῦ πατρός μου, 내 아버지로부터. ⟨παρά + 속격⟩은 '…로부터'. πατήρ의 격 변화를 잘 알아 두자(πατήρ, πατρός, πατρί, πατέρα). 호격은 πάτερ이다(악센트 위치와 모음에 주의).

[번역] 이를 인하여 아버지께서 나를 사랑하시나니 곧 내가 목숨을 다시 얻기 위하여 내 목숨을 버림이라. 아무도 내게서 그것(내 목숨)을 빼앗지 않았지만, 내 스스로 그것을 버리노라. 나는 그것을 버릴 권세도 있고, 그것을 다시 취할 권세도 있느니라. 나는 이 계명을 내 아버지께로부터 받았느니라.

2. αὕτη ἐστὶν ἡ ἐντολὴ ἡ ἐμή, ἵνα ἀγαπᾶτε ἀλλήλους καθὼς ἠγάπησα ὑμᾶς. μείζονα ταύτης ἀγάπην οὐδεὶς ἔχει, ἵνα τις τὴν ψυχὴν αὐτοῦ θῇ ὑπὲρ τῶν φίλων αὐτοῦ.

▶ αὕτη, 지시 대명사(여·단·주). 지시 대명사 οὗτος, αὕτη, τοῦτο 의 형태와 변화를 잘 알아 두자.

▶ ἡ ἐντολὴ ἡ ἐμή, 나의 계명. ἐμή는 소유 형용사(Possesive Adjective)인데 인칭 대명사의 속격(μου)보다 강조의 의미가 있다. 즉, ἡ ἐντολή μου보다는 '나의'라는 것이 강조되고 있다. ἡ ἐντολὴ ἡ ἐμή는 ἡ ἐμὴ ἐντολή로 쓸 수도 있다. 참고로 μου ἡ ἐντολή 라고 해도 '나의'가 강조된다.

▶ ἵνα ἀγαπᾶτε ἀλλήλους, 너희가 서로 사랑하는 것. 여기서 ἵνα 절은 앞의 αὕτη를 받는다. 즉, αὕτη와 동격으로서 αὕτη의 내용을 설명한다. 그래서 '… 하는 것'(that …)으로 번역된다. 그런데 〈ὅτι + 직설법〉이 오지 않고 〈ἵνα + 가정법〉이 온 이유는 '너희가 서로 사랑하는 것'은 아직 실현되지 않은 바람이요 희망이기 때문이다. 곧 가정의 세계에 속하는 것이기 때문이다. 이처럼 헬라어에서는 현실의 세계와 가정의 세계를 정확하게 구별한다. 여기서 ἀγαπᾶτε는 가정법이다. 직설법과 형태가 똑같으나 ἵνα 절에 사용되었으므로 가정법이다. -αω로 끝나는 단축 동사의 변화에 대해서는 메이첸의 책 뒷부분에 있는 변화표를 참조하라. ἀλλήλους는 상호 대명사로서 '서로를, 서로서로를'.

▶ καθώς, 접속사(… 처럼, … 와 같이)

- ἠγάπησα, ἀγαπάω(사랑하다)의 아오리스트 능동태 직설법(1단).
- μείζονα, μείζων(더 큰)의 여성 단수 대격. μείζων(남성/여성), μεῖζον(중성)은 μέγας, μεγάλη, μέγα의 비교급. 여기서 μείζονα는 남성도 될 수 있지만 이것이 한정하는 ἀγάπην이 여성형이므로 여성이다.
- ταύτης, 비교의 속격(Genitive of Comparison)이다(이것보다). ταύτης는 지시 대명사 αὕτη(여성)의 단수 속격.
- ἵνα τις … 여기의 ἵνα 절은 앞의 ταύτης를 설명한다. 따라서 ' … 하기 위하여'가 아니라 ' … 하는 것'으로 번역된다. 그럼에도 불구하고 ὅτι 절이 아니라 ἵνα 절이 사용된 것은 "어떤 사람이 목숨을 버리는 것"은 아직 이루어지지 않은 가능의 세계, 가정의 세계에 속하는 일이기 때문이다.
- τις, 악센트 없는 τις는 부정(不定) 대명사로서 '어떤 사람이, 어느 누가'란 뜻이다.
- θῇ, τίθημι(두다, 버리다)의 아오리스트 능동태 가정법(3단). 앞에 τι가 붙지 않은 것으로 보아(짧은 것을 보아) 아오리스트임을 쉽게 알 수 있다.
  [기본형] τίθημι – θήσω – ἔθηκα – τέθεικα
- ὑπὲρ τῶν φίλων αὐτοῦ, 그의 친구들을 위하여. φίλος는 친구. ⟨ὑπέρ + 속격⟩은 '위하여'.

[번역] 내가 너희를 사랑한 것같이 너희가 서로 사랑하는 것, 이것이 내 계명이다. 어떤 사람이 자기(그의) 친구들을 위하여 자기 목숨을 버리는 것, 이것보다 더 큰 사랑은

없다(… 더 큰 사랑을 아무도 가지고 있지 않다).

3. ἀλλὰ ἐλθὼν ἐπίθες τὴν χεῖρά σου ἐπ' αὐτὴν καὶ ζήσεται.

- ἀλλά, 역접을 나타내는 접속사이다(그러나, 다만, 오직). 앞에 나온 내용과 반대되는 경우에 사용된다. 경우에 따라서는 앞에 나온 내용을 더욱 강조할 때에도 사용된다.
- ἐλθών, ἔρχομαι(오다, 가다)의 아오리스트 능동태 분사(남 · 단 · 주). 분사의 의미상의 주어는 직설법 동사 ἐπίθες의 주어와 일치한다(너, 당신).
- ἐπίθες, ἐπιτίθημι(위에 놓다, 얹다)의 아오리스트 능동태 명령법(2단). 먼저 기본형을 살펴보자.

  [기본형] ἐπιτίθημι - ἐπιθήσω - ἐπέθηκα (외울 때에는 ἐπι를 떼고서 τίθημι의 기본형을 외우면 된다.) 여기서 아오리스트의(능 2 단) 명령법은 ἐπίθες가 된다(무슨 법칙이 있는 것이 아니라 사전을 찾아보고 안다).
- χεῖρα, χείρ(ἡ, 손)의 단수 대격. 격 변화를 익혀 두자(특히 단수).

  (단) χείρ, χειρός, χειρί, χεῖρα (복) χεῖρες, χειρῶν, χερσί(ν), χεῖρας. χεῖρά σου에서 ρα 위에 어큐트 악센트가 덧붙은 것은 σου가 엔클리틱이기 때문이다.
- ἐπ' αὐτήν, 그 여자 위에. αὐτήν은 인칭 대명사이다(3 여 · 단 · 대).
- καὶ ζήσεται, 그리하면 살 것이다. 여기서 καί는 명령형 문장 다음에 나오는 것으로서 '그리하면, 그러면'의 뜻이다. ζήσεται는

ζάω(살다)의 미래 중간태 직설법(3단). ζάω 동사는 미래에서 중간태가 되나 뜻은 능동이다. 물론 미래에서 능동태형(ζήσω)도 조금 나타난다.

[기본형] ζάω - ζήσομαι - ἔζησα
(ζήσω)

[번역] 다만 오셔서 당신의 손을 그녀 위에 얹으소서. 그리하면 (그녀가) 살겠나이다.

4. ὁ δὲ Ἰησοῦς εἶπεν Ἄφετε τὰ παιδία καὶ μὴ κωλύετε αὐτὰ ἐλθεῖν πρός με τῶν γὰρ τοιούτων ἐστὶν ἡ βασιλεία τῶν οὐρανῶν. καὶ ἐπιθεὶς τὰς χεῖρας αὐτοῖς ἐπορεύθη ἐκεῖθεν.

▶ εἶπεν, λέγω(말하다)의 아오리스트 능동태 직설(3단).
  [기본형] λέγω - ἐρῶ - εἶπον - εἴρηκα
▶ ἄφετε, ἀφίημι(떠나가다, 버려두다, 용서하다, 허락하다)의 아오리스트 능동태 명령법 (2복).
  [기본형] ἀφίημι - ἀφήσω - ἀφῆκα - ἀφεῖκα
아오리스트 명령법은 ἄφες(2단), ἄφετε(2복)이다. 사전을 찾아서 확인해 보자. 참고로 ἀφίημι는 ἀπό(… 로부터)와 ἵημι(가다)의 합성어이다.
▶ παιδία, παιδίον(τό, 아이)의 복수. παιδίον은 παῖς(아이)에 축소형 어미(-ιον)가 붙은 것이다. 축소형 어미가 붙으면 작은 것, 귀여

운 것을 나타낸다. 이 경우엔 $παῖς$나 $παιδίον$이나 뜻은 거의 같다. $παιδίον$이 귀엽다는 뉘앙스를 좀 더 가지고 있다고 볼 수 있을 것이다.

▶ $κωλύετε, κωλύω$(막다, 방해하다)의 현재 능동태 명령법(2 복). 물론 형태상으로는 직설법도 될 수 있지만, 여기서는 내용상 명령법이 맞다. <$μή$ + 현재 명령법> 또는 <$μή$ + 아오리스트 가정법>은 금지(Prohibition)를 나타낸다.

▶ $αὐτά$, 여기서 인칭 대명사 $αὐτά$(3 중 · 복 · 대)는 앞에 있는 $τὰ$ $παιδία$를 가리킨다.

▶ $ἐλθεῖν, ἔρχομαι$(오다, 가다)의 아오리스트 능동태 부정사.

　[기본형] $ἔρχομαι$ - $ἐλεύσομαι$ - $ἦλθον$ - $ἐλήλυθα$

▶ $πρός με$, 나에게로. 전치사 $πρός$ 다음에는 대개 강조형 인칭 대명사(예를 들면 $ἐμέ$)보다 비강조형 인칭 대명사($με$)를 많이 쓴다. 비강조형이 되면 엔클리틱이므로 $πρός$의 어큐트 악센트가 그레이브로 바뀌지 않고 그대로 있다.

▶ $τοιούτων, τοιοῦτος$(이러한 자)의 남성 복수 속격(이러한 자들의). $τοιοῦτος, τοιαύτη, τοιοῦτον$은 상관 형용사(Correlative Adjective)라 불린다(이러한 …).

▶ $ἡ βασλεία τῶν οὐρανῶν$, 하늘들의 나라, 하늘나라(천국).

▶ $ἐπιθείς, ἐπιτίθημι$(위에 두다, 얹다)의 아오리스트 능동태 분사 (남 · 단 · 주).

　[기본형] $ἐπιτίθημι$ - $ἐπιθήσω$ - $ἐπέθηκα$

▶ $ἐπορεύθη, πορεύομαι$(가다)의 아오리스트 수동태 직설법(3단). 아오리스트에서 태는 수동태 꼴이나 뜻은 능동이다(정확하게 말하면

제32과 *τίθημι, ἀφίημι, ἀπόλλυμι* 변화. 결과절의 대격과 부정사. *ἕως* 뒤의 가정법

중간태적 의미이다).

▶ *ἐκεῖθεν,* 거기서부터(from there).

[번역] 예수께서 말씀하셨다. 그 아이들을 그냥 두라. 그리고 그들이 내게 오는 것을 막지 말라. 이는 하늘나라가 이들의 것임이기 때문이다. 그리고 그들 위에 손(들)을 얹으시고, 거기서 떠나가셨다(거기서부터 가셨다).

5. *καὶ προσευξάμενοι ἐπέθηκαν αὐτοῖς τὰς χεῖρας.*

▶ *προσευξάμενοι, προσεύχομαι*(기도하다)의 아오리스트 중간태 분사(남 · 복 · 주).

[기본형] *προσεύχομαι* – *προσεύξομαι* – *προσηυξάμην* (규칙 변화이므로 따로 외울 필요는 없다.)

▶ *ἐπέθηκαν, ἐπιτίθημι*(위에 두다, 얹다)의 아오리스트 능동태 직설법 (3복).

▶ *τὰς χεῖρας,* 손들을. *ἡ χείρ*의 복수 대격.

[번역] 그리고 그들은 기도하고 나서 그들 위에 손(들)을 얹었다.

제33과

ἵστημι와 οἶδα 변화. 희구법. 비현실적 조건문. γίνομαι 용법

A. 단어

ἀνίστημι, 1) (타동사) 일어서게 하다(cause to rise), 일으키다(raise, raise up); 2) (자동사) 일어서다(stand up), 일어나다(arise).

※ 현재와 미래(ἀναστήσω)와 제1 아오리스트(ἀνέστησα)에서는 타동사가 되고, 제2 아오리스트(ἀνέστην)와 완료(ἀνέστηκα)에서는 자동사가 된다.

δοκέω, 생각하다(think), … 인 것처럼 보이다(seem).

δύναμαι, (디포) 할 수 있다(can, be able to).

δύναμις, δυνάμεως, ἡ, 능력(power).

ἔβην, βαίνω (가다)의 아오리스트. 단독으로는 사용되지 않고 앞에 전치사가 붙은 형태로 사용된다.

ἕτερος, α, ον, 다른(other, another, different).

ἵστημι, 세우다(cause to stand). ※ 현재와 미래 아오리스트에서는 타동사적 의미(서게 하다), 완료에서는 자동사적 의미(서다)가 된다. 아오리스트에는 두 종류가 있는데 ἔστησα는 타동사적 의미(세웠다), ἔστην은 자동사적 의미(섰다)이다.

[기본형] ἵστημι - στήσω - ἔστησα - ἕστηκα(자)

ἔστην(자)

κάθημαι, (디포) 앉다(sit). 현재 분사는 καθήμενος.

οἶδα, 완료. 뜻은 현재이다(알다). 과거 완료는 ᾔδειν(뜻은 과거. 알았다).

ὅλος, η, ον, (형용사) 전체의(whole).

ὅμοιος, α, ον, (형용사) 같은(like), 비슷한(similar). 여격을 취한다.

οὔτε, 그리고 아니(and not), … 도 아니(nor). οὔτε … οὔτε … , … 도 아니고 … 도 아니다(neither … nor …).

παραγίνομαι, 도착하다(arrive), 이르다(come).

φανερόω, 분명히 드러내다(make manifest).

φημί, 말하다(say). 어간(줄기)은 φα-이다.

ὡς, (부사로서 접속사) … 때에(as, when). ※ ὡς의 다른 용법은 이미 나왔었다.

B. 익힘 문제

1. διὰ τοῦτο ὁ κόσμος οὐ γινώσκει ἡμᾶς ὅτι οὐκ ἔγνω αὐτόν. Ἀγαπητοί, νῦν τέκνα θεοῦ ἐσμεν, καὶ οὔπω ἐφανερώθη τί ἐσόμεθα. οἴδαμεν ὅτι ἐὰν φανερωθῇ ὅμοιοι αὐτῷ ἐσόμεθα, ὅτι ὀψόμεθα αὐτὸν καθώς ἐστιν.

▶ διὰ τοῦτο, 이것 때문에, 이를 인하여, 이러므로.
▶ γινώσκει, γινώσκω(알다)의 현재 능동태 직설법(3단).
▶ ὅτι, 첫 번째 나오는 ὅτι는 '왜냐하면'(because)의 뜻이다. 이런 뜻으로 사용될 때에는 대개 ὅτι 앞에 쉼표(comma)를 찍는다.
▶ ἔγνω, γινώσκω(알다)의 아오리스트 능동태 직설법(3단).
   [기본형] γινώσκω - γνώσομαι - ἔγνων - ἔγνωκα
▶ αὐτόν, 여기서는 앞에 나온 ὁ κόσμος를 가리키지 않고 문맥상 예수님을 가리킨다(요일 3:1 전후 문맥 참조).
▶ ἀγαπητοί, 사랑 받은 자들아. ἀγαπητός(사랑 받은 자)의 남성 복수 호격.
▶ ἐσμεν, εἰμί의 현재 직설법(1복). τέκνα θεοῦ는 ἐσμεν의 보어이다.
▶ ἐφανερώθη, φανερόω(나타내다)의 아오리스트 수동태 직설법(3단).
▶ τί, 의문 대명사로서 '무엇이'란 뜻이다. 의문 대명사일 경우 악센트는 항상 어큐트이다(즉, 그레이브로 바뀌지 않는다). ἐσόμεθα의 보어가 된다.

제33과 ἵστημι와 οἶδα 변화. 희구법. 비현실적 조건문. γίνομαι 용법

- ἐσόμεθα, εἰμί의 미래 직설법(1복).
- οἴδαμεν, οἶδα(알다)의 완료 능동태 직설법(1복). οἶδα의 시상은 완료이나 뜻은 현재이다(알다, 알고 있다). 과거의 뜻(알았다)을 나타내기 위해서는 과거 완료형을 쓴다(ᾔδειν). 참고로 οἶδα는 직관적인 지식을(see), γινώσκω는 경험적인 지식을 나타낸다(come to know).
- ὅτι, 두 번째로 나오는 ὅτι는 목적절을 인도하는 접속사이다(that …).
- ἐὰν φανερωθῇ, 이것은 ὅτι 절 안에 들어 있는 조건절이다. φανερωθῇ는 φανερόω(나타내다)의 아오리스트 수동태 가정법(3단)이다.
- ὅμοιοι αὐτῷ, 그와 같게.
- ὅτι, 마지막에 나오는 ὅτι는 이유를 나타내는 접속사이다. 왜냐하면 (because).
- ὀψόμεθα, ὁράω(보다)의 미래 중간태 직설법(1복).
   [기본형] ὁράω - ὄψομαι - εἶδον - ἑώρακα
- καθώς ἐστιν, 그가 … 인 그대로(just as). 그의 모습, 존재 그대로.

[번역] 이러므로 세상은 우리를 알지 못한다. 왜냐하면 (세상이) 그를 알지 못하였기 때문이다. 사랑하는 자들아, 지금 우리는 하나님의 자녀들이다. 우리가 무엇이 될지는 아직 나타나지 않았다. 그가 나타나면 우리가 그와 같게 될 줄을 안다. 왜냐하면 우리는 그가 계신 그대로 그를 볼 것이기 때문이다.

2. ἔλεγον οὖν αὐτῷ Ποῦ ἐστιν ὁ πατήρ σου; ἀπεκρίθη Ἰησοῦς Οὔτε ἐμὲ οἴδατε οὔτε τὸν πατέρα μου · εἰ ἐμὲ ᾔδειτε, καὶ τὸν πατέρα μου ἂν ᾔδειτε.

▶ ἔλεγον, λέγω(말하다)의 미완료 능동태 직설법(3복). 미완료의 경우엔 현재 시상의 줄기가 그대로 유지된다. 현재나 미완료는 원래 같은 '진행 시상(progressivus)'이다. 그래서 줄기가 같다. 미완료 시상이므로 지속적인 동작, 반복적인 동작을 나타낸다(한 번만이 아니라 여러 번, 반복해서 말하였다).

  [기본형] λέγω – ἐρῶ – εἶπον – εἴρηκα

▶ ποῦ, 어디에(where).

▶ ἀπεκρίθη, ἀποκρίνομαι(대답하다)의 아오리스트 수동태 직설법(3단).

  [기본형] ἀποκρίνομαι – ἀποκρινοῦμαι – ἀπεκρίθην

▶ οὔτε … οὔτε … , … 도 아니고 … 도 아니다(neither … nor …).

▶ οἴδατε, οἶδα(완료, 알다)의 능동태 직설법(2복).

▶ πατέρα, πατήρ(ὁ, 아버지)의 단수 대격. 격 변화를 알아 두자(특히 단수). πατήρ, πατρός, πατρί, πατέρα(호격 πάτερ)

▶ εἰ ἐμὲ ᾔδειτε, 너희가 만일 나를 알았더라면. 여기서 〈εἰ' + 직설법〉은 '비현실적 조건'(Unreal Condition)을 나타내는 조건절이다. 이 경우에 귀결문에 대개 ἄν이 온다(간혹 생략되는 경우도 있다). 이런 비현실적 조건문에서는 조건문과 귀결문 둘 다 '역사적 시제'(미완료, 아오리스트, 과거완료)의 직설법 동사가 온다. 이 조건절은 비현

제33과 ἵστημι와 οἶδα 변화. 희구법. 비현실적 조건문. γίνομαι 용법

실적 조건을 나타내기 때문에 "너희가 나를 알았다."는 것은 사실이 아니다. 사실은 몰랐지만, 전혀 현실성이 없지만, 가정해서 한번 말해 보는 것이다.

▸ καὶ τὸν πατέρα μου, 내 아버지도, 또한 나의 아버지를. 여기서 καί는 '… 도'를 뜻한다.

▸ ἂν ᾔδειτε, 알았으리라(you would have known). ᾔδειτε는 οἶδα(완료, 알다)의 과거 완료(알았다) 능동태 직설법(2복). 사실은 몰랐다.

[번역] 그러므로 그들이 그에게 "네 아버지가 어디 있느냐?"고(거듭) 말하였다. 예수께서 대답하셨다. 너희는 나도 모르고 내 아버지도 모른다. 너희가 만일 나를 알았더라면, 내 아버지도 알았으리라.

3. ζητήσετέ με καὶ οὐκ εὑρήσετε, καὶ ὅπου εἰμὶ ἐγὼ ὑμεῖς οὐ δύνασθε ἐλθεῖν.

▸ ζητήσετε, ζητέω(찾다)의 미래 능동태 직설법(2복).
▸ καί, 여기서 καί는 '그러나, 그렇지만'의 의미.
▸ εὑρήσετε, εὑρίσκω(발견하다)의 미래 능동태 직설법(2복).
  [기본형] εὑρίσκω - εὑρήσω - εὗρον - εὕρηκα
▸ ὅπου, … 곳에(where).
▸ 여기에 인칭 대명사 ἐγώ와 ὑμεῖς가 사용되어서 '나'와 '너희'가 서로 대비되고 있다.
▸ δύνασθε, δύναμαι(할 수 있다)의 현재 중간태 직설법(2복).

- ▶ ἐλθεῖν, ἔρχομαι(오다, 가다)의 아오리스트 능동태 부정사.

  [기본형] ἔρχομαι - ἐλεύσομαι - ἦλθον - ἐλήλυθα

[번역] 너희가 나를 찾을 것이나 발견하지 못할 것이다. 그리고 내가 있는 곳에 너희는 올 수 없다.

4. καὶ συνέρχεται πάλιν ὁ ὄχλος, ὥστε μὴ δύνασθαι αὐτοὺς μηδὲ ἄρτον φαγεῖν.

- ▶ συνέρχεται, συνέρχομαι(함께 오다, 모여 오다)의 현재 중간태 직설법(3단).
- ▶ ὄχλος, 무리, 군중(crowd). 특별한 계급이나 집단을 가리키지 않고, 그냥 모여 있는 일단의 사람들을 가리킨다.
- ▶ ὥστε, 결과를 나타내는 접속사(… , so that). ὥστε 다음에는 대개 부정사가 온다. ὥστε는 ὡς와 τε 두 단어의 합성이며, τε는 원래 엔클리틱이므로 앞 음절 ὡς의 악센트(어큐트)를 그대로 유지한다(즉, 써컴플렉스로 바뀌지 아니한다). ὥσπερ와 οὔτε의 경우도 마찬가지다.
- ▶ δύνασθαι, δύναμαι(할 수 있다)의 현재 중간태 부정사. ὥστε와 함께 결과를 나타낸다. 대격 αὐτούς는 부정사의 주어이다.
- ▶ μηδέ, … 조차 … 아니다(not even). μή의 강조. 헬라어에서 이중 부정은 부정의 강조이다.
- ▶ φαγεῖν, ἐσθίω(먹다)의 아오리스트 능동태 부정사.

[기본형] ἐσθίω - φάγομαι - ἔφαγον

[번역]그리고 무리가 다시 모여 온다. 그래서 그들은 빵조차 먹을 수 없었다(… 빵을 먹을 수조차 없었다).

5. ἠκούσατε ὅτι ἐγὼ εἶπον ὑμῖν Ὑπάγω καὶ ἔρχομαι πρὸς ὑμᾶς. εἰ ἠγαπᾶτέ με, ἐχάρητε ἂν ὅτι πορεύομαι πρὸς τὸν πατέρα, ὅτι ὁ πατὴρ μείζων μού ἐστιν.

- ▶ ἠκούσατε, ἀκούω(듣다)의 아오리스트 능동태 직설법(2복).
- ▶ ὅτι ἐγὼ εἶπον ὑμῖν, 내가 너희에게 말했다는 것을. 여기의 ὅτι는 목적절을 인도한다(that …). 여기에 인칭 대명사의 주어 ἐγώ가 사용되어서 '나'가 강조되었다.
- ▶ ὑπάγω, 떠나가다. 그 다음의 ἔρχομαι는(다시) '오다'는 뜻.
- ▶ εἰ ἠγαπᾶτέ με, 만일 너희가 나를 사랑하였더라면. 비현실적 조건(unreal condition)을 나타내는 조건문이다. 곧, 사실은 사랑하지 않았는데, "사랑했다면 … "이라고 가정해서 말하는 것이다. 이럴 경우에 조건문과 귀결문 둘 다 '역사적 시제'(과거를 나타내는 시상/시제)를 사용한다. ἠγαπᾶτε는 ἀγαπάω(사랑하다)의 미완료 능동태 가정법(3단). 지속적인 사랑의 동작을 나타낸다(너희가 만일 나를 사랑하고 있었다면).
- ▶ ἐχάρητε ἄν, 너희가 기뻐하였으리라(you would have rejoiced). ἄν과 함께 사용되어 이것이 비현실적인 것임을 나타낸다(간혹 ἄν이

생략되는 경우도 있으나 뜻은 마찬가지다). 비현실적이므로, 사실은 기뻐하지 않았다. 이처럼 전혀 사실이 아닌 비현실적 조건문에서는 조건문과 귀결문 모두에 '직설법'을 사용한다는 점이 특이하다. ἐχάρητε는 χαίρω(기뻐하다)의 아오리스트 수동태 직설법 (2복). χαίρω 동사는 시상에 따라 태가 바뀌지만 뜻은 능동이다.

[기본형] χαίρω - χαρήσομαι - ἐχάρην - κεχάρηκα

▶ ὅτι πορεύομαι, 내가 가는 것을. 여기서 ὅτι는 목적절을 인도한다 (that …). ὅτι 절에는 직설법을 사용한다.

▶ ὅτι ὁ πατὴρ μείζων μού ἐστιν, 아버지는 나보다 크기 때문이다. 여기서 ὅτι는 이유를 나타낸다(because). μείζων은 μέγας(큰)의 비교급(더 큰). 여기서 μου는 '비교의 속격'(Genitive of Comparison)이다(나보다). 악센트와 관련해서는 ἐστιν이 엔클리틱(enclitic)이므로 바로 앞의 단어 μου에 어큐트 악센트가 붙었다(μου도 엔클리틱으로서 원래 악센트가 없으나 뒤에 또다시 엔클리틱 단어가 오므로 μου에 악센트가 붙게 된 것이다).

[번역] 내가 너희에게 "나는 떠나간다. 그리고 너희에게로(다시) 온다."고 말한 것을 너희가 들었다. 만일 너희가 나를 사랑하였더라면, 내가 아버지께로 가는 것을 기뻐하였을 것이다. 왜냐하면 아버지는 나보다 크시기 때문이다.

부록
헬라어 변화표

§ 1. 관사 변화 _252

§ 2. 명사 변화 _252

§ 3. 형용사 변화 _253

§ 4. 지시 대명사 _254

§ 5. 인칭 대명사 _255

§ 6. 동사 변화 (I) _256

§ 7. 동사 변화 (II) _258

§ 8. $εἰμί$ 동사 변화 _260

§ 9. 주요 동사의 기본형 (I) _261

§10. 주요 동사의 기본형 (II) _262

§11. 분사 변화 _263

§12. 주요 전치사 _265

§13. 가정법 _267

§14. 부정사(不定詞) _267

§15. 재귀 대명사 _268

§16. 상호 대명사 _268

§17. 명사 변화 보충 _269

§18. 형용사 변화 보충 _271

§19. 수사 _272

§20. 의문 대명사 _273

§21. 부정(不定) 대명사 _273

§22. 관계 대명사 _274

§23. 명령법 _274

§24. $μείζων, ον$ ($μέγας$의 비교급) 변화 _276

§1. 관사 변화

	[단 수]			[복 수]		
	남	여	중	남	여	중
주격	ὁ	ἡ	τό	οἱ	αἱ	τά
속격	τοῦ	τῆς	τοῦ	τῶν	τῶν	τῶν
여격	τῷ	τῇ	τῷ	τοῖς	ταῖς	τοῖς
대격	τόν	τήν	τό	τούς	τάς	τά

§2. 명사 변화

1. ἄνθρωπος, ὁ, 사람(man)

ἄνθρωπος	ἄνθρωποι
ἀνθρώπου	ἀνθρώπων
ἀνθρώπῳ	ἀνθρώποις
ἄνθρωπον	ἀνθρώπους

2. ὥρα, ἡ, 시간(hour)   δόξα, ἡ, 영광(glory)

ὥρα	ὧραι	δόξα	δόξαι
ὥρας	ὡρῶν	δόξης	δοξῶν
ὥρᾳ	ὥραις	δόξῃ	δόξαις
ὥραν	ὥρας	δόξαν	δόξας

부록

3. δῶρον, τό, 선물(gift)

δῶρον	δῶρα
δώρου	δώρων
δώρῳ	δώροις
δῶρον	δῶρα

§3. 형용사 변화

[단 수]			[복 수]		
남	여	중	남	여	중
ἀγαθός	ἀγαθή	ἀγαθόν	ἀγαθοί	ἀγαθαί	ἀγαθά
ἀγαθοῦ	ἀγαθῆς	ἀγαθοῦ	ἀγαθῶν	ἀγαθῶν	ἀγαθῶν
ἀγαθῷ	ἀγαθῇ	ἀγαθῷ	ἀγαθοῖς	ἀγαθαῖς	ἀγαθοῖς
ἀγαθόν	ἀγαθήν	ἀγαθόν	ἀγαθούς	ἀγαθάς	ἀγαθά

§4. 지시 대명사

1. *οὗτος, αὕτη, τοῦτο,* 이 (this)

[단 수]			[복 수]		
남	여	중	남	여	중
οὗτος	αὕτη	τοῦτο	οὗτοι	αὗται	ταῦτα
τούτου	ταύτης	τούτου	τούτων	τούτων	τούτων
τούτῳ	ταύτῃ	τούτῳ	τούτοις	ταύταις	τούτοις
τοῦτον	ταύτην	τοῦτο	τούτους	ταύτας	ταῦτα

2. *ἐκεῖνος, ἐκείνη, ἐκεῖνο,* 저 (that)

* 성 · 수 · 격에 따른 변화는 형용사 변화에 준한다.

* 중성 단수 주격/대격이 *ἐκεῖνο*인 것에 주의하여야 한다.

§5. 인칭 대명사

1. 1인칭 (나, 우리)   2. 2인칭 (너, 너희)

ἐγώ	ἡμεῖς	σύ	ὑμεῖς
ἐμοῦ, μου	ἡμῶν	σοῦ	ὑμῶν
ἐμοί, μοι	ἡμῖν	σοί	ὑμῖν
ἐμέ, με	ἡμᾶς	σέ	ὑμᾶς

3. 3인칭 (he, she, it, they)

남	여	중	남	여	중
αὐτός	αὐτή	αὐτό	αὐτοί	αὐταί	αὐτά
αὐτοῦ	αὐτῆς	αὐτοῦ	αὐτῶν	αὐτῶν	αὐτῶν
αὐτῷ	αὐτῇ	αὐτῷ	αὐτοῖς	αὐταῖς	αὐτοῖς
αὐτόν	αὐτήν	αὐτό	αὐτούς	αὐτάς	αὐτά

§6. 동사 변화 (I)

1. 현재 능동태 직설법(pres. act. ind.)

λύω	λύομεν
λύεις	λύετε
λύει	λύουσι(ν)

2. 미완료 능동태 직설법(impf. act. ind.)

ἔλυον	ἐλύομεν
ἔλυες	ἐλύετε
ἔλυε(ν)	ἔλυον

3. 아오리스트 능동태 직설법(aor. act. ind.)

ἔλυσα	ἐλύσαμεν
ἔλυσας	ἐλύσατε
ἔλυσε(ν)	ἔλυσαν

4. 완료 능동태 직설법(pf. act. ind.)

    λέλυκα   λελύκαμεν
    λέλυκας   λελύκατε
    λέλυκε(ν)   λελύκασι(ν) or λέλυκαν

5. 과거 완료 능동태 직설법(plpf. act. ind.)

    ἐλελύκειν   ἐλελύκειμεν
    ἐλελύκεις   ἐλελύκειτε
    ἐλελύκει(ν)   ἐλελύκεισαν

* 과거 완료 시상에서 접두 모음 ἐ은 탈락할 수도 있다.

* 과거 완료 시상의 어미 변화에는 조금 다른 형태도 있다.

* 미래 시상은 현재 시상의 어간과 어미 사이에 σ를 붙이면 된다.

§7. 동사 변화(II)

1. 현재 중간태/수동태 직설법(pres. mid./pass. ind.)

  λύομαι   λυόμεθα
  λύῃ   λύεσθε
  λύεται   λύονται

2. 미완료 중간태/수동태 직설법(impf. mid./pass. ind.)

  ἐλυόμην   ἐλυόμεθα
  ἐλύου   ἐλύεσθε
  ἐλύετο   ἐλύοντο

3. 아오리스트 중간태 직설법(aor. mid. ind.)

  ἐλυσάμην   ἐλυσάμεθα
  ἐλύσω   ἐλύσασθε
  ἐλύσατο   ἐλύσαντο

4. 완료 중간태/수동태 직설법(pf. mid./pass. ind.)

λέλυμαι   λελύμεθα
λέλυσαι   λέλυσθε
λέλυται   λέλυνται

5. 아오리스트 수동태 직설법(aor. pass. ind.)

ἐλύθην   ἐλύθημεν
ἐλύθης   ἐλύθητε
ἐλύθη   ἐλύθησαν

6. 미래 수동태 직설법 (fut. pass. ind.)

λυθήσομαι   λυθησόμεθα
λυθήσῃ   λυθήσεσθε
λυθήσεται   λυθήσονται

§8. εἰμί 동사 변화

   1. 현재 직설법   2. 미완료 직설법   3. 미래 직설법

εἰμί	ἐσμέν	ἤμην	ἦμεν	ἔσομαι	ἐσόμεθα
εἶ	ἐστέ	ἦς	ἦτε	ἔσῃ	ἔσεσθε
ἐστί(ν)	εἰσί(ν)	ἦν	ἦσαν	ἔσται	ἔσονται

   4. 가정법   5. 희구법   6. 명령법

ὦ	ὦμεν	εἴην	εἴημεν	〈단수〉	〈복수〉
ᾖς	ἦτε	εἴης	εἴητε	2. ἴσθι	ἔστε
ᾖ	ὦσι(ν)	εἴη	εἴησαν	3. ἔστω	ἔστωσαν

7. 부정사: εἶναι   8. 분사 기본형: ὤν οὖσα ὄν

§9. 주요 동사의 기본형(I)

〔현재〕	〔미래〕	〔아오리스트〕	〔완료〕	〔뜻〕
1. λέγω	ἐρῶ	εἶπον	εἴρηκα	말하다
2. ἔχω	ἕξω	ἔσχον	ἔσχηκα	가지다
3. γίνομαι	γενήσομαι	ἐγενόμην	γέγονα	되다
4. ἔρχομαι	ἐλεύσομαι	ἦλθον	ἐλήλυθα	오다, 가다
5. ὁράω	ὄψομαι	εἶδον	ἑώρακα	보다
6. λαμβάνω	λήμψομαι	ἔλαβον	εἴληφα	취하다, 받다
7. γινώσκω	γνώσομαι	ἔγνων	ἔγνωκα	알다
8. ἄγω	ἄξω	ἤγαγον	ἦχα	이끌다
9. φέρω	οἴσω	ἤνεγκα	ἐνήνοχα	가지고 가다
10. δίδωμι	δώσω	ἔδωκα	δέδωκα	주다
11. ἵστημ	στήσω	ἔστησα	ἔστηκα	세우다
12. τίθημι	θήσω	ἔθηκα	τέθεικα	두다
13. ἐγείρω	ἐγερῶ	ἤγειρα	ἐγήγερκα	일으키다
14. βάλλω	βαλῶ	ἔβαλον	βέβληκα	던지다
15. ἀποστέλλω	ἀποστελῶ	ἀπέστειλα	ἀπέσταλκα	파송하다
16. ἀναβαίνω	ἀναβήσομαι	ἀνέβην	ἀναβέβηκα	올라가다
17. μένω	μενῶ	ἔμεινα	μεμένηκα	머물다
18. κρίνω	κρινῶ	ἔκρινα	κέκρικα	판단하다
19. ἀποθνῄσκω	ἀποθανοῦμαι	ἀπέθανον	τέθνηκα	죽다
20. ἀπόλλυμι	ἀπολοῦμαι	ἀπώλεσα	ἀπολώλεκα	멸망시키다
21. πίπτω	πεσοῦμαι	ἔπεσον	πέπτωκα	떨어지다
22. χαίρω	χαρήσομαι	ἐχάρην	κεχάρηκα	기뻐하다
23. πείθω	πείσω	ἔπεισα	πέπεικα	설득하다
			πέποιθα, πέπεισμαι	확신하다
24. ἁμαρτάνω	ἁμαρτήσομαι	ἥμαρτον	ἡμάρτηκα	범죄하다

§10. 주요 동사의 기본형(II)

	〔현재〕	〔미래〕	〔아오리스트〕	〔완료〕	〔뜻〕
25.	ἀφίημι	ἀφήσω	ἀφῆκα	ἀφεῖκα	가게 하다, 용서하다, 허락하다
26.	εὑρίσκω	εὑρήσω	εὗρον	εὕρηκα	발견하다
27.	ἐσθίω	φάγομαι	ἔφαγον	-	먹다
28.	αἴρω	ἀρῶ	ἦρα	-	들어 올리다, 치우다
29.	πίνω	πίομαι	ἔπιον	-	마시다
30.	πάσχω	-	ἔπαθον	-	고난 받다
31.	ἐξαιρέω	ἐξελῶ	ἐξεῖλον	-	끄집어내다, 구원하다, 택하다
32.	ζάω	ζήσω (ζήσομαι)	ἔζησα	-	살다
33.	καλέω	καλῶ/καλέσω	ἐκάλεσα	κέκληκα	부르다
34.	λείπω	λείψω	ἔλιπον	-	내버려 두다, 남겨 두다, 부족하다
35.	μανθάνω	μανθήσομαι	ἔμαθον	-	배우다
36.	ὄμνυμι	ὀμοῦμαι	ὤμοσα	-	맹세하다
37.	τίκτω	τέξομαι	ἔτεκον	-	낳다, 생산하다
38.	τρέχω	-	ἔδραμον	-	달리다
39.	τυγχάνω	τεύξομαι	ἔτυχον	-	만나다
40.	φαίνω	φανῶ	ἔφηνα	-	(타) 비추다, 드러내다
	φαίνομαι	φανήσομαι	ἐφάνην	-	(자) 비취다, 나타나다
41.	φεύγω	φεύξομαι	ἔφυγον	πέφευγα	도망치다
42.	ἐκχέω	ἐκχεῶ	ἐξέχεα	ἐκκέχυκα	부어 주다
43.	ἀρέσκω	ἀρέσω	ἤρεσα	-	기쁘게 하다
44.	τελέω	τελῶ	ἐτέλεσα	τετέλεκα	완성하다
45.	δείκνυμι	δείξω	ἔδειξα	-	보여 주다

§11. 분사 변화

1. 현재 분사

   1) 능동태

	남	여	중
단수	λύων	λύουσα	λῦον
	λύοντος	λυούσης	λύοντος
	λύοντι	λυούσῃ	λύοντι
	λύοντα	λύουσαν	λῦον
복수	λύοντες	λύουσαι	λύοντα
	λυόντων	λυουσῶν	λυόντων
	λύουσι(ν)	λυούσαις	λύουσι(ν)
	λύοντας	λυούσας	λύοντα

   2) 중간태/수동태

   λυόμενος   λυομένη   λυόμενον

2. 아오리스트 분사

1) 능동태

단수 λύσας   λύσασα   λῦσαν
      λύσαντος   λυσάσης   λύσαντος
      λύσαντι   λυσάσῃ   λύσαντι
      λύσαντα   λύσασαν   λῦσαν

복수 λύσαντες   λύσασαι   λύσαντα
      λυσάντων   λυσασῶν   λυσάντων
      λύσασι(ν)   λυσάσαις   λύσασι(ν)
      λύσαντας   λυσάσας   λύσαντα

2) 중간태: λυσάμενος λυσαμένη   λυσάμενον

3) 수동태: λυθείς λυθεῖσα λυθέν

3. 완료 분사

1) 능동태: λελυκώς λελυκυῖα λελυκός
2) 중간태/수동태: λελυμένος λελυμένη λελυμένον

부록

§12. 주요 전치사

ἀντί + 속격	① 반대편에, 맞은편에(over against)	
	② 에 대한 대가로(equivalence의 개념)	
	③ 위하여, 대신하여(substitution의 개념)	
ἀπό + 속격	로부터(from)	
ἐκ(ἐξ) + 속격	① 밖으로, 로부터(out of); ② 중에서(of, among)	
πρό + 속격	앞에(before)	
σύν + 여격	와 함께(with)	
ἐν + 여격	① 안에(in); ② 가운데(among); ③ 으로(with)	
εἰς + 대격	① 안으로(into); ② (Hellenistic Greek) = ἐν	
διά + 속격	을 통하여(through)	
+ 대격	때문에(on account of)	
κατά + 속격	① 아래로(down from); ② 대항하여(against)	
+ 대격	① 에게 있는(concerning, pertaining to)	
	② 을 따르면(according to)	
μετά + 속격	와 함께(with)	
+ 대격	후에(after)	
περί + 속격	에 대하여(about, concerning)	
+ 대격	의 주위에(around)	
ὑπέρ + 속격	① 위에(above); ② 위하여(for), i) 의 유익을 위하여 (for the good of), ii) 을 대신하여(in place of)	
+ 대격	① 위로(above); ② 을 넘는, 초과하는(above,	

exceeding)

ἐπί + 속격　① 위에(on); ② 의 때에, 의 통치 때에
　　　　　　(on, under the rule of)

　　 + 여격　① 위에(on); ② 에 근거하여(on the ground of);
　　　　　　③ 에 덧붙여서(in addition to)

　　 + 대격　① 위로(on); ② 에 대하여(over); ③ 때에, 동안에
　　　　　　(on, during)

παρά + 속격　로부터(from, from the side of))

　　 + 여격　곁에(by, beside)

　　 + 대격　① 에게로(towards); ② 을 따라서(along);
　　　　　　③ 외에(besides)

πρός + 여격　에, 곁에(by)

　　 + 대격　① 에게로(towards); ② 위하여(for); ③ 에 대하여; ④ 경
　　　　　　에(시간)

ὑπό + 속격　① 아래로부터(from under); ② 에 의하여
　　　　　　(by, 수동태에서)

　　 + 여격　아래에(under), 의 발 아래에(under the foot of)

　　 + 대격　아래에, 아래로(under)

§13. 가정법

〔현재 능동태 가정법〕　　〔아오리스트 능동태 가정법〕

λύω　λύωμεν　　　　λύσω　λύσωμεν
λύῃς　λύητε　　　　　λύσῃς　λύσητε
λύῃ　λύωσι(ν)　　　　λύσῃ　λύσωσι(ν)

〔아오리스트 수동태 가정법〕　　* 제2 아오리스트 능동태의 경우
　　　　　　　　　　　　　　　　(예: ὁράω)

λυθῶ　λυθῶμεν　　　ἴδω　ἴδωμεν
λυθῇς　λυθῆτε　　　　ἴδῃς　ἴδητε
λυθῇ　λυθῶσι(ν)　　　ἴδῃ　ἴδωσι(ν)

§14. 부정사 (不定詞)

　　〔현재〕　〔아오리스트〕　　〔완료〕

능)　λύειν　　　능) λῦσαι　　　능)　λελυκέναι
중/수) λύεσθαι　중) λύσασθαι　중/수) λελύσθαι
　　　　　　　　수) λυθῆναι

* 제2 아오리스트의 경우 (예: λείπω)

  현재 능동태 부정사 = λείπειν
  아오리스트 능동태 부정사 = λιπεῖν (악센트의 변화에 주의)

* εἰμί 동사의 부정사: εἶναι

§15. 재귀 대명사

ἐμαυτοῦ, ῆς, 나 자신의
σεαυτοῦ, ῆς, 너 자신의
ἑαυτοῦ, ῆς, οῦ, 그 자신의
ἑαυτῶν, ἑαυτῶν, ἑαυτῶν, 그들(우리, 너희) 자신의

§16. 상호 대명사

ἀλλήλων, 서로 서로의; ἀλλήλοις, 서로 서로에게;
ἀλλήλους, 서로 서로를

§17. 명사 변화 보충

1. χάρις, χάριτος, ἡ, 은혜　　2. πόλις, πόλεως, ἡ, 도시

χάρις	χάριτες	πόλις	πόλεις
χάριτος	χαρίτων	πόλεως	πόλεων
χάριτι	χάρισι(ν)	πόλει	πόλεσι(ν)
χάριν	χάριτας	πόλιν	πόλεις

3. γένος, γένους, τό, 종족　　4. βασιλεύς, βασιλέως, ὁ, 왕

γένος	γένη	βασιλεύς	βασιλεῖς
γένους	γενῶν	βασιλέως	βασιλέων
γένει	γένεσι(ν)	βασιλεῖ	βασιλεῦσι(ν)
γένος	γένη	βασιλέα	βασιλεῖς

5. πατήρ, πατρός, ὁ, 아버지　　6. ἀνήρ, ἀνδρός, ὁ, 남자, 남편

πατήρ	πατέρες	ἀνήρ	ἄνδρες
πατρός	πατέρων	ἀνδρός	ἀνδρῶν
πατρί	πατράσι(ν)	ἀνδρί	ἀνδράσι(ν)
πατέρα	πατέρας	ἄνδρα	ἄνδρας

호격) πάτερ

7. νύξ, νυκτός, ἡ, 밤

νύξ	νύκτες	
νυκτός	νυκτῶν	
νυκτί	νυξί(ν)	
νύκτα	νύκτας	

8. ἐλπίς, ἐλπίδος, ἡ, 소망

ἐλπίς	ἐλπίδες
ἐλπίδος	ἐλπίδων
ἐλπίδι	ἐλπίσι(ν)
ἐλπίδα	ἐλπίδας

9. ὄνομα, ὀνόματος, τό, 이름

ὄνομα	ὀνόματα
ὀνόματος	ὀνομάτων
ὀνόματι	ὀνόμασι(ν)
ὄνομα	ὀνόματα

10. χείρ, χειρός, ἡ, 손

χείρ	χεῖρες
χειρός	χειρῶν
χειρί	χερσί(ν)
χεῖρα	χεῖρας

§18. 형용사 변화 보충

1. ἀληθής, ἀληθές, 참된(true)

	〔단 수〕		〔복 수〕
남/여	중	남/여	중
ἀληθής	ἀληθές	ἀληθεῖς	ἀληθῆ
ἀληθοῦς	ἀληθοῦς	ἀληθῶν	ἀληθῶν
ἀληθεῖ	ἀληθεῖ	ἀληθέσι(ν)	ἀληθέσι(ν)
ἀληθῆ	ἀληθές	ἀληθεῖς	ἀληθῆ

2. πᾶς, πᾶσα, πᾶν, 모든(all)

πᾶς	πᾶσα	πᾶν	πάντες	πᾶσαι	πάντα
παντός	πάσης	παντός	πάντων	πασῶν	πάντων
παντί	πάσῃ	παντί	πᾶσι(ν)	πάσαις	πᾶσι(ν)
πάντα	πᾶσαν	πᾶν	πάντας	πάσας	πάντα

3. πολύς, πολλή, πολύ, 많은(much, many)

πολύς	πολλή	πολύ	πολλοί	πολλαί	πολλά
πολλοῦ	πολλῆς	πολλοῦ	πολλῶν	πολλῶν	πολλῶν
πολλῷ	πολλῇ	πολλῷ	πολλοῖς	πολλαῖς	πολλοῖς
πολύν	πολλήν	πολύ	πολλούς	πολλάς	πολλά

4. μέγας, μεγάλη, μέγα, 큰(big, great)

μέγας	μεγάλη	μέγα	μεγάλοι	μεγάλαι	μεγάλα
μεγάλου	μεγάλης	μεγάλου	μεγάλων	μεγάλων	μεγάλων
μεγάλῳ	μεγάλῃ	μεγάλῳ	μεγάλοις	μεγάλαις	μεγάλοις
μέγαν	μεγάλην	μέγα	μεγάλους	μεγάλας	μεγάλα

§19. 수사

1. εἷς, μία, ἕν, 하나 (one)

남	여	중
εἷς	μία	ἕν
ἑνός	μιᾶς	ἑνός
ἑνί	μιᾷ	ἑνί
ἕνα	μίαν	ἕν

2. οὐδείς, οὐδεμία, οὐδέν, no one, nothing (직설법에 사용)
   μηδείς, μηδεμία, μηδέν, no one, nothing (그 외에 사용)

부록

§20. 의문 대명사

τίς, τί, who, which, what (항상 악센트가 있으며 앞에 온다.)

남/여	중	남/여	중
τίς	τί	τίνες	τίνα
τίνος	τίνος	τίνων	τίνων
τίνι	τίνι	τίσι(ν)	τίσι(ν)
τίνα	τί	τίνας	τίνα

§21. 부정(不定) 대명사

τις, τι, someone, something (enclitic으로 원칙적으로 악센트가 없다. 단수 주격과 중성 단수 대격에는 항상 악센트가 없으며, 그 외에 악센트가 올 경우에는 뒷음절에 온다.)

남/여	중	남/여	중
τις	τι	τινές	τινά
τινός	τινός	τινῶν	τινῶν
τινί	τινι	τισί(ν)	τισί(ν)
τινά	τι	τινάς	τινά

§22. 관계 대명사

	[단 수]			[복 수]	
남	여	중	남	여	중
ὅς	ἥ	ὅ	οἵ	αἵ	ἅ
οὗ	ἧς	οὗ	ὧν	ὧν	ὧν
ᾧ	ᾗ	ᾧ	οἷς	αἷς	οἷς
ὅν	ἥν	ὅ	οὕς	ἅς	ἅ

§23. 명령법

1. 현재 능동태 명령법

   단수 2. λῦε   복수 2. λύετε
          3. λυέτω   3. λυέτωσαν

2. 현재 중간태/수동태 명령법

   단수 2. λύου   복수 2. λύεσθε
          3. λυέσθω   3. λυέσθωσαν

부록

3. 아오리스트 능동태 명령법

| 단수 | 2. λῦσον | 복수 | 2. λύσατε |
| | 3. λυσάτω | | 3. λυσάτωσαν |

4. 아오리스트 중간태 명령법

| 단수 | 2. λῦσαι | 복수 | 2. λύσασθε |
| | 3. λυσάσθω | | 3. λυσάσθωσαν |

5. 아오리스트 수동태 명령법

| 단수 | 2. λύθητι | 복수 | 2. λύθητε |
| | 3. λυθήτω | | 3. λυθήτωσαν |

6. 완료 능동태 명령법

| 단수 | 2. λέλυκε | 복수 | 2. λελύκετε |
| | 3. λελυκέτω | | 3. λελυκέτωσαν |

§24. μείζων, ον (μέγας의 비교급) 변화

	[단 수]		[복 수]	
	남/여	중	남/여	중
	μείζων	μεῖζον	μείζονες	μείζονα
	μείζονος	μείζονος	μειζόνων	μειζόνων
	μείζονι	μείζονι	μείζοσι(ν)	μείζοσι(ν)
	μείζονα	μεῖζον	μείζονας	μείζονα

※ 단수 남/여 대격과 복수 중성 주격, 대격의 μείζονα 대신에 μείζω가 사용되기도 한다. 또한 복수 남/여 주격의 μείζονες와 대격의 μείζονας 대신에 μείζους가 사용되기도 한다.